20대 젊은이들이 바른 삶을 살기위한 비전

일어나라 넌 이미 강하다

조해경 지음

현재 취업 문제를 비롯하여 주변 환경이 빛의 속도로 변화되는 환경 속에서 어려움을 겪고 있는 20대의 젊은이들이 바른 삶을 살아 갈 수 있도록 희망적인 비전을 제시하고, 물질적인 풍요로움 속에서 정신적으로 나약한 인간으로 변해가는 것을 극복하며 성공적인 삶을 살기 위한 비전 제시

도서출판 그린

책 요 약 문

이 책은 현재 취업 문제를 비롯하여 주변 환경이 빛의 속도로 변화되는 환경 속에서 어려움을 겪고 있는 20대의 젊은이들이 바른 삶을 살아 갈 수 있도록 희망적인 비전을 제시하고 있다.

현대의 젊은이들은 과거 세대보다는 물질적인 풍요로움 속에서 정신적으로 나약한 인간으로 변해가고 있다. 이러한 정신적인 나약함을 극복하기 위해서 저자는 오래 동안 국내외의 대학과 기업체에서 젊은이들에게 현대인의 성공적인 삶을 강의해 왔나.

이러한 저자의 오랜 경험을 바탕으로 하여 이 책을 읽는 젊은이들은 용기를 가지고 인생에서 성공적인 삶을 살수 있다는 기대를 가지고 있다.

조 해 경 지음

CONTENTS

1

주변 환경이 빛의 속도로 변하고 있다

학교에서 학생들을 오래 동안 가르치면서 느낀 점은 현대의 젊은이들이 70년대 우리나라가 가난했던 시절의 젊은이들보다 훨씬 더 힘들어 하고 있다는 것을 실감한다.

이것을 "풍요속의 빈곤" 이라는 말로 표현될 수 있다.

학기 초 내가 속해있는 대학이나 다른 대학에서나 개강 첫날 공개강의 시간에 학생들에게 두 가지 사항을 항상 강조 한다. 하나는 학점관리를 잘 해야 하며 다음으로 인생은 마라톤이다. 라는 점이다.

오래 동안 학교에서 강의를 하면서 최근 들어서 학생들에게 학점 관리를 잘하라고 신신 당부를 하는 이유는 졸업 후 취업 문제를 비롯하여 대학원 진학, 중간에 편입학, 유학문제, 장학금 문제등 하나 같이 학점과 관련되지 않은 것이 없기 때문이다.

인생은 마라톤이다. 라는 말은 이 교재의 제목과 같이 한 인산이 태어나서 죽을 때까지 앞서거니 뒤서거니 하다가 누가 마지막 골인 점에서 우승을 하느냐는 끝까지 쉬지 않고 노력하는 하는 사람이 결국은 승리를 한다는 것이다.

과거에는 학생들의 학점에 대해서 엄격하게 관리를 하다가 보면 나쁜 점수를 주고 재수강을 많이 시켰다. 그러나 최근 들어서 학생들에게 나쁜 점수를 주는 것이 두려워 졌다. 그 이유는 바로 학생들이 졸업 후 취업이나 대학원 진학 등 인생에서 중요한 시점에서 학점 때문에 곤란을 당하지나 않을까 하는 노파심에서 이었다.

인간은 누구나 다 자신이 가르친 학생이 잘 풀려나가도록 뻗어 주고 싶은 본능을 가지고 있다. 내가 가르친 학생들이 성공의 지름길로 가는 것을 원하기 때문에 학점을 잘 주려고 노력을 한다.

내 과목을 택한 학생들에게 B+이하는 가능하면 주지 않는다. 학점 문제에 있어서는 비교적 후한 편이다. 나는 아예 학기 첫 시간에 학생들에게 선고를 한다. 학점에는 크게 신경을 쓰지 않아도 되지만 수업은 항상 열심히 들으라고 한다. 그래서 그런지 학교에서 수강신청이 시작되면 몇 분이 채 되기도 전에 나의 개설과목들은 수강 신청이 마감되어 버린다.

현대를 살아가는 젊은 세대들이 과거 세대들과 다른 점은 여러 가지가 있다고 생각한다. 나는 70년대 초반에 대학을 다녔다. 그리고 70년대 중반에 군 복무를 마치고 70년대 후반에 입사 원서를 내었다.

그런데 그 당시 대부분의 대기업들은 3대 1을 넘지 않았다. 지금은 아무리 보잘 것 없는 중소기업이라도 10대 1은 넘고 있다. 이것을 보고 현대의 졸업과 동시에 첫 사회생활의 관문인 취업시험에서 치열한 경쟁을 하여야만 한다는 사실에 대해서 현대의 젊은이들이 자신감을 상실하고 있다는 사실을 알 수 있다.

또한 1세대전인 70년대 학교에 다니던 젊은이들은 공부도 지금의 젊은이들처럼 하지를 않았다. 당시에 학교에서 강의를 하던 교수들은 학생들이 취업에 대해서 크게 신경을 쓰지 않아도 되기 때문에 취업에 필요한 과목에 대한 공부보다는 인간으로 필요한 교양에 대한 말들을 많이 하였다.

그런데 요즈음의 경우 학과장이 중심에 되어서 모든 교수들이 학생취업을 도우려고 혈안이 되어지고 있다. 나는 학생들에게 요즈음 젊은이들은 앞날이 암울하기 때문에 낭만이 사라진 시대를 살아가고 있다고 말한다.

요즈음 젊은이들이 취업을 비롯하여 치열한 경쟁을 하여야만 하는 이유는 바로 대학의 문이 활짝 열려져 버렸기 때문이다. 내가 대학을 다니던 시절에는 대학에 진학하는 학생이 고등학교 졸업자들의 20 퍼센트에 불과하였다. 그러나 현재의 젊은이들은 대학에 진학하는 비율이 80 퍼센트를 훨씬 넘는다는 통계가 나왔다.

따라서 대학 졸업 후 공부 하지 않고서도 쉽게 취업 할 수 있는 이유가 바로 경쟁률이 약하기 때문이다. 여기에 더해서 30년 전보다 인구가 급격하게 늘어난 것도 현재의 젊은이들이 살아가기 힘든 이유 중의 하나이다.

옛날에는 대학생들이 학교의 학점에는 아예 무관하였다. 사실상 당시에는 어느 회사나 기업체이든지 학교의 성적을 요구하는 기업체는 없었다. 당시에는 지금처럼 문화시설이 별로 없었기 때문에 학생들은 모여서 안주 없는 술로서 술에 취해서 술독에 빠질 정도로 매일 술만 마시고서 다음날 일어나지 못하고 학교에는 결강을 하는 일 대부분 이었다.

그 당시 학생들은 술을 마시고 취하면 정부를 비판하는 논쟁으로 술판을 벌인다. 요즈음 젊은이들의 취업에 기는 생활보다는 훨씬 더 낭만적인 여유를 가지고 있었다.

그러나 물질적으로는 풍요롭지가 못하였다. 그 이유는 우리나라가 경제

후진국으로서 국민 평균 소득이 세계적으로 아주 밑바닥을 돌고 있었다. 따라서 대부분의 학생들은 현재의 어려움을 미래에 대한 희망을 기대하면서 살았다.

그 당시 대부분의 젊은이들이 부르던 시는 푸시킨의 시였다.

그 내용을 보면

생활이 그대를 속일지라도/ 슬퍼하거나 노하지 마라/
슬픔의 날 참고 견디면/기쁨의 날이 오는 것이려니/
마음은 미래에 사는 것/현재는 언제나 슬픈 것/
그리고 지난 것은/그리워지려니/

당시 학생들은 생활이 어렵더라도 지금처럼 마음이 각박하지가 않았다. 현대의 젊은이들을 더욱 힘들게 만드는 것은 주변 환경의 변화이다. 과거에는 학교에서 한번 배운 지식은 오래 동안 써 먹었다. 그러나 현대의 젊은이들은 매일 매일 새로운 지식을 습득하여야만 한다. 얼마 전에 배운 지식은 얼마 후 에는 써먹지 못하고 낡은 지식으로 변해 버린다. 이렇게 빛의 속도로 변화되는 주변 환경에 맞추어 나가지 못하는 경우 자신은 금방 우물 안 개구리가 아닌 끓는 물속의 개구리가 되어서 삶겨져 버린다.

과거에는 외부와의 접촉을 피하면 단지 우물속의 개구리가 되어서 혼자서는 살아남을 수 있다. 그러나 지금은 외부의 정보에 눈이 어두우면 살아남을 수가 없다.

현대의 끓는 물속의 개구리는 외부와의 정보 단절 ME 위주의 생활로 인해서 자신도 모르게 즐거워하면서 죽어 버리는 개구리가 되어 버린다.

20세기 말에는 지식과 정보가 지배하는 Me 시대이었다. 그러나 21세기는 인재가 지배하는 We 시대로 나아가고 있다. 거버넌스에서 뉴 거버넌스의 시대에 돌입하고 있다. 미래학자 앨빈 토플러는 그의 "미래의 충격"이라는 저서에서 조직의 애드호크리시를 예언하고 있다. 현대를 살아가는 젊은이들이여, 자신의 처지에 대해서 슬퍼하거나 노하지 말고 일어나라.

넌 이미 강하다.

2

많은 젊은이들은 마마보이와 연상의 여인을 선호하는 나약한 인간형으로 변하고 있다.

기업체 초청으로 온 라인 강의와 오프라인 강의를 오래 동안 해오면서 현대의 젊은이들이 힘들어하는 원인을 규명해 낼 수가 있었다. 대기업이자 공기업인 포스코부터 시작해서 그보다는 규모가 약간은 작은 노루표 페인트까지 다양한 직종에 종사는 젊은이들에게 강의를 하고 그들이 들은 내용에 대해서 평가를 해오고 있다.

그리고 기업체에서 직원들의 능력을 평가하고 인사고가를 매기는 인사부장으로부터 여러 가지 정보를 얻었다.

인사부장은 실무자급으로서는 가장 고참 사원이기 때문에 최근 젊은이들의 성향에 대해서 누구보다도 잘 이해하고 있다.

그런데 한결같이 인사를 담당하는 부장들의 이야기는 현대의 젊은이들이 모두가 하나같이 자신의 주장이 뚜렷하고 자신의 관련된 것에 대해서는 한 치도 양보를 하지 않는 소위 말하는 이기주의적 성격의 소유자들이라는 것이다.

다시 말하면 이들은 과거의 세대들은 처음에는 조직에서 적응을 잘하지 못하는 X형 인간이라고 할지라도 교육을 통해서 이들은 금방 조직에 잘 적응하는 Y형 인간으로 변화 시킬 수 있었다고 한다. 그러나 현대의 젊은층은 X형 인간에서 Y형 인간으로 변화시키기가 힘이 드는 나약한 인간으로 근본을 형성하고 있다고 하였다.

현대를 살아가는 젊은이들이 조직에서 잘 적응하지 못하고 있는 원인은 여러 가지 관점에서 생각해 볼 수 있다.

그러나 심리학적인 관점에서 보면 현대의 젊은이들의 상당수가 마마보이 형 인간으로 변화되어져 버렸기 때문이다. 마마보이 형 인간형의 특성은 우선 조직에서 적응력이 떨어지는 X형 인간을 말한다.

마마보이 형 인간은 에고이스트 형 인간이다. 에고이스트는 바로 이기주의자를 의미한다. 무엇이든지 자신위주로 생각하는 인간형이다.

그러면 왜 현대의 젊은이들이 마마보이 형 인간으로 변화되는 원인은 어디에 있는가.

마마보이는 일반적으로 성인이 된 다음에도 청소년기에 가지고 있던 어머니에게 의뢰하려는 의뢰심을 버리지 못하는 사람을 말한다. 마마보이들은 어머니로부터 칭찬을 받아야하며 어머니에게 회사나 사회의 일을 하나부터 끝까지 상의를 하여 어머니로부터 허락을 받아야만 안심하고서 일을 처리하는 남성을 말하다. 회사에서 상사나 부하 간에 갈등이 생기는 경우 쉽게 그만두는 스타일의 남성이며 직장에 오래 붙어있지 못하는 성격의 소유자들이다.

자연적으로 이들은 사회의 적응력이 약하며 인간관계가 원만하지 못한 성격의 소유자들이다. 다시 말하면 마마보이는 사회에서 크게 환영을 받지 못하며 조직에서 성공을 거두지 못하는 추진력과 결단력이 부족한 사람들이다.

그러면 현대인들 가운데 왜 많은 젊은 남성들이 마마보이가 되었을까.

그 원인은 여러 가지의 복합적인 요소들이 내포되어져 있다. 젊은이들 뿐 만아니라 부모에게도 상당한 책임이 있다. 과거의 세대의 부모들은 자식들이 많았기 때문에 자녀들 하나하나에 신경을 쓰지 않았다. 그러나 현대의 부모들은 자식이 하나 아니면 둘로서 자식에게 대해서 지나칠 정도의 편애 증을 가지고 있다.

정신분석학자이자 의사인 프로이드는 인간은 태어나는 순간에서부터 죽음에 이르는 순간까지의 존재하는 동안 성적인 욕망에 의해서 행동한다는 성적충동과 행동을 주장하고 있다. 또한 프랑크푸르트학파인 허버트 마르쿠제도 그의 에로스와 문명에서 인간의 문명을 성의 억압에서 출발하고 있다.

프로이드는 인간은 태어나는 순간 생존하기 위해서 어머니 젖을 빨고 배변을 하는 것은 성적 쾌락을 추구하는 인간의 본능으로 보고 있다.

프로이드에 의하면 인간은 몇 차례의 단계를 거쳐서 성장하게 된다. 첫 번째 단계가 바로 항문기로서 태어나면서 어머니 젖꼭지에서 성적 욕구와 삶의 욕구를 동시에 느끼게 된다는 단계이다.

두 번째 단계는 유아기로서 어머니의 따뜻한 품과 사랑이 필요한 시기이다. 대부분의 애고이스트들은 이시기에 어머니의 사랑을 받지 못하고 보모나 할머니 등 다른 사람들의 손에서 자란 사람들이다. 이 시기에 부모로부터 많은 사랑을 받은 사람은 안정되고 정이 많은 사람이 되며 그렇지 못한 사람은 메마르고 차가운 성격의 소유자가 된다. 대개 가족에게 독재

자형인 사람들은 이시기에 부모로부터 사랑이 결핍된 상태에서 성장한 사람들이다.

세 번째 단계는 남근기의 단계로서 사춘기의 단계이다. 남근기의 단계는 인간이 신체적으로 급성장하면서 어머니가 성적으로 상상하는 성의 대상이 되는 시기이다. 남근기는 이 세상에서 가장 이상적인 여성은 어머니 한 여성뿐이라고 생각하는 시기이다.

사춘기 즉 남근기의 다음단계가 청년기로서 이 단계는 인간으로서 육체적으로나 정신적으로 완성되는 단계이다.

인생에서 가장 중요한 시기가 바로 남근기인 사춘기의 단계이며 대개 중학교 학생시기에 찾아온다.

프로이드는 남근기 즉 사춘기에 자식과 완전히 단절하여 독립하도록 하여야 한다. 자식과의 강한 단절은 부모가 더 이상 성적인 대상이 되지 않는다는 생각을 가지면서 부모로부터 포기를 하고 자기 스스로 보호와 독립을 찾아서 자립심을 키우는 시기이다. 만일 부모가 유아기 때와 같이 자식을 똑같이 대하게 되면 부모에게 그대로 의존하는 습성을 버리지 못하게 되면서 독립심이 없는 마마보이가 된다는 것이다.

프로이드에 의하면 남성은 누구나 오이디푸스 콤플렉스를 가지고 있다. 어머니 없이 아버지 손에서 자란 여성의 경우 아버지가 딸이 애처로워서 너무 잘 대해주는 경우 남성과 같은 엘렉트라 콤플렉스 가지게 된다. 여성은 가장 이상적인 남성상은 아버지이며 결혼을 위해서 선을 보는 상대는 아버지 나이와 똑같으며 아버지와 똑같은 성격과 외모를 가진 사람을 고르게 된다.

오이디푸스 콤플렉스나 엘렉트라 콤플렉스는 성격상으로 비정상적이다.

마마보이에 대한 문제에 대해서 해결하는 방법은 그렇게 어렵지가 않다. 가령 자신이 어려운 문제를 비롯하여 대부분 중요한 문제를 어머니와 상의하는 젊은이들은 다음부터는 가능하면 어머니나 아버지와 상의하기 보다는 스스로 생각해서 판단을 하고 결론을 짓는 습관을 길러나가는 방법을 택하면 된다.

처음에는 혼자서는 골치가 아파서 어머니의 도움이 없이는 해결하지 못할 것 같던 문제도 어느 정도 습관이 되면 어머니를 비롯하여 부모와 상의하지 않고서도 문제를 해결해 나갈 수 있는 강한 인간형으로 변하게 된다.

마마보이의 성격을 고치지 않으면 인간은 스스로 불행해 진다는 역사적 사실을 알 수 있다. 바로 미국의 역사에서 자유의 여신상을 프랑스에서 가져온 클리블랜드 대통령의 예를 들 수가 있다. 클리블랜드 역시 처음에는 어머니에게만 집착하는 마마보이 이었으나 자신이 마마보이라는 사실을 알고서는 독립적인 사고를 가지고서 행동을 하여 얼마 후 똑똑한 청년으로 자신의 행동을 변화시켜 나갔다. 이처럼 현대의 젊은이들은 스스로의 노력으로 마마보이 형 인간에서 독립 형 인간으로 쉽게 변화시킬 수 있다.

마마보이 문제에 덧붙여서 현대의 젊은이들은 연상의 여인에 대해서 상당한 관심내지는 선호하는 경향이 있다. 연상의 여인을 좋아하는 젊은이들 역시 자칫하면 나약한 인간형의 나락으로 빠져 들기 쉽다. 연상의 여인이 남성을 나약한 인간으로 만드는지 아니면 강한 남성으로 만드는지에 대해서는 상당한 의견이 분분하게 일고 있다.

이 문제는 주관성을 떠나서 객관적인 관점에서 파악하기는 쉽지가 않기는 하다.

그러면 연상의 여인은 어떠한가. 연상의 여인을 좋아하는 남성들은 대개가 여성에게 의존해서 살려는 사람이며 여성의 경우는 어머니 보호본능이 강한 여성들이다. 여성의 경우 남성에게 의존하는 타입과 남성을 보호 하려는 본능이 강한 유형으로 분류할 수 있다. 연상 연하의 커플은 현대의 유약하고 부드러운 남성상과 강인하고 활동적인 여성상을 나타내고 있다. 과거의 민며느리제도는 일손이 모자라서 신랑보다 나이 많은 처녀를 데리고 와서 일을 시키던 시대이다. 그와 같은 맥락에서 보면 경제적 능력과 생활력이 강한 여성이 연하의 남성을 좋아하는 것은 인간이 가지고 있는 본능인 것 같다.

연상의 여인과 연하의 남성 커플은 비정상적인 커플이 결코 아닌 완전히 정상적인 커플임에 틀림없다. 오히려 인간의 내면에 잠재되어져 있는 본능을 찾아서 살아가는 풍요로운 삶을 추구해 나가고 있지 않나 생각된다.

그러나 나의 객관성을 배제한 주관성을 가미하여 말하자면 대개의 연상의 여인과 같이 사는 남성들은 나약한 성격의 소유자로 변하는 경우가 허다하다. 따라서 연상의 여인과 사랑을 하는 젊은 남성은 경제적인 면에서 만큼은 여성에게 의존하지 않는 강한 경제력의 소유자로서의 성격을 키워 나가야만 하지 않을까 싶다.

3

가시나무새와 같은 열정이 부족하다.

요즈음 학교에서 강의를 하다보면 과거와는 상당히 다른 강의실 분위기를 느끼고 있다. 그것은 바로 대학의 교정에서 캠퍼스 커플을 발견하는 일은 어렵지 않다는 사실이다. 1980년대 내가 미국에서 유학하던 시절에는 미국 교정에는 상당수의 캠퍼스 커플들이 있었다.

그 후 귀국하여 1990년대까지만 하여도 한국의 대학 캠퍼스에서는 캠퍼스 커플들을 발견하기가 쉽지 않았다. 그러나 최근 들어서 강의실에 들어서면 상당수의 남학생과 여학생이 옆자리에서 강의를 듣고 있는 것을 볼 수가 있다.

나는 처음에는 남녀학생이 같이 붙어 다니는 것을 발견하면 그들에게 캠퍼스 커플인가라고 우선 물어본다. 그러면 그들은 예라고 말하거나 아니면 아니라고 대답을 한다.

그런데 젊은 캠퍼스 커플들로부터 발견한 사실은 상당수의 커플들이 얼마가지 않아서 헤어져 버린다는 사실을 알아내었다. 강의를 열심히 듣고 둘이서 붙어 다니고 남이 보든 말든 개의치 않고 교정에서 스킨십을 하던 그들이 어느 날 갑자기 헤어졌다는 소식을 다른 학생들을 통해서 자주 듣곤 한다.

나는 내 제자 중에서 S 라는 이름을 가진 학회장 출신의 남학생과 얼굴이 예쁘장하고 입가에는 항상 강한 의지가 묻어있는 자그마한 체구의 U라는 이름의 여학생을 가르친 일이 있다. 그 두 학생이 너무나 다정하게 느껴져서 내가 저술한 책에다 사인을 하여 한권씩 주면서 둘이는 오래 동안 다정하게 살아야 한다고 당부를 하였다.

그런데 어느 날 그 커플의 친구들로부터 그 커플이 헤어져서 각자의 길로 가기로 작정을 하였다는 것이다. 하도 그 사실이 믿기지도 않을 뿐만 아니라 안타깝기도 하여 광화문 세종문화회관 옆에 있는 스타박스 커피숍으로 나오라고 하였다. 그러나 여학생은 나타나지 않고 단지 학회장 출신의 남학생만 나타나서 그 이유를 물어 본 즉 두 사람의 성격이 맞지가 않는 단순한 이유 때문이었다.

이들 커플로부터 현대의 젊은이들을 나약하게 만드는 것은 매사에 열정이 부족하기 때문이라는 생각을 가지고 있다.

젊은이들이 한번 사랑을 하면 끝까지 죽을 때까지 밀어붙이는 정신을 가질 때 그 사람은 인생에서 성공을 할 수 있다.

여기에 대해서 가시나무새와 매디슨 카운티의 다리에 대한 교훈을 생각해 볼 수 있다.

콜린 맥콜로의 소설 가시나무새 소설을 보고서 현대인들의 심리상태를 잘 이해 할 수가 있다. 가시나무새는 호주의 한 생물학자가 성직자인 신부와 입양아 간의 금지된 사랑을 소재로 한 연애소설이다.

성직자와 남편이 있는 가정부인의 불륜을 그린 이 두 소설은 금지된 사랑에서 파멸로 끝나지 않고서 그 사랑의 본체를 영원히 비밀로 하여 살아

있도록 함으로써 인간이 삶에서 느끼는 갈증을 해소하는 역할을 하고 있기 때문에 더욱 가치가 있는 것이다.

가시나무새 소설에서 우리는 가시나무새라는 실제로 전설적인 가시나무새와 인생을 토론해 볼 필요가 있다. 가시나무새는 일생동안 가시나무를 찾아서 헤매다가 가시나무를 찾는 순간 그 새는 평생 동안 부르지 않고서 간직해온 가장 아름다운 목소리로 열정적으로 노래를 부른다. 그 노래를 부르고나서 가시나무새는 자신이 평생 동안 찾던 바로 그 가시나무에 자신의 몸을 찔러서 자살을 한다.

현대의 젊은이들이 가시나무 새로부터 본받을 교훈은 열정이다. 가시나무새와 같이 자신의 목표를 달성하는 순간 가시나무에 찔려서 죽어버리는 삶과 자신이 성공이라는 목표를 세워서 성공을 하는 순간 죽어버리는 것이 아니라 새로운 도약을 위한 목표를 세워서 또 하나의 계단을 올라가는 인생을 스스로가 만들어야 한다.

실존주의 철학자 하이데거는 존재와 시간에서 시간의 상대성을 논하고 있다. 인간에게 주어진 시간이 연장 되었다고 해서 그 시간을 소중하게 사용하지 않으면 아무런 효용성이 없어지며 고통 만 따르게 된다. 사십대 이후의 인생은 자신이 20-30대에 어떻게 기초를 닦아 왔는가에 따라서 상당한 정도의 영향을 받는다.

나약한 현대 젊은이들이 강해지는데 필요한 정신은 하이데거의 시간의 상대성과 가시나무새와 같은 열정이다.

4

사랑하는 정신이 부족하며 물질의 노예화가 되고 있다

현대의 젊은이들이 점점 더 나약한 인간으로 변화되어지고 있는 이유는 대부분의 젊은이들은 남을 사랑하는 정신이 점점 더 부족해지고 있으며 여기에 더해서 물질의 중요성에다 너무 많은 비중을 두고서 초점을 맞추어 나가고 있다.

나는 미국에서 대학원을 다닐 때 사랑이라는 말의 단어인 love와 like를 혼동하여 잘 구별하지 못한 경우가 많아서 어떻게 사용해야 할지를 영작을 하면서 상당히 고심을 한 경우가 많았다.

성공하는 사람들의 4가지 필수 조건으로써 사회학 분야의 석학인 막스 베버는 첫째는 자신의 분야에는 전문가가 되어라. 두 번째는 다른 분야에서는 반 전문가가 되어라. 세 번째는 남을 사랑하는 정신을 가져라. 네 번째는 물질만능주의 정신으로부터 벗어나라 라는 말을 하였다.

내가 학교에서 아끼는 제자 한 학생이 찾아와서 진로문제를 두고서 이야기를 한 적이 있다. 그 학생은 글로벌 시대에 필요한 영어를 배워서 돌아오겠다는 목적에서 미국에 어학 공부를 하러 유학을 간다는 것이었다.

나는 그 학생에게 단순히 영어를 배우러 미국에 가겠다면 가지 말라고 말렸다. 왜냐하면 지금 밖에 나가기만 하면 원어민 영어강사를 비롯하여 영어 학원시설까지 잘 되어져 있는데 굳이 미국에까지 가서 영어를 배울 필요가 있겠는가에 대한 의구심 때문에서 이었다.

나는 영어실력 때문에 유학을 간다는 학생들에게 내가 강조하는 하는 것은 영어는 여기서도 배울 수 있지만 더욱 중요한 것은 미국인들이 가지고 있는 사고를 비롯한 문화를 배워야 한다고 강조를 한다.

나는 철학과 인간이라는 교양과목을 글로벌 시대에 필요한 과목이라고 학교에서 교양필수과목으로 선택을 하여 내가 맡아서 오래 동안 학생들을 가르치고 있다.

나는 학생들에게 첫 시간에 칠판에 여러 개의 줄을 위에서 아래로 긋는다. 그리고 그 줄 사이에 타원형 비슷한 동그라미들을 그려 놓는다.

그러고 나서 나는 학생들에게 내가 그린 그림이 무엇을 의미하는지를 물어 본다. 그러면 대부분의 학생들은 문지방에 햇볕이 드는 것을 방지하기 위해서 만든 대나무로 만든 발이라고 대부분의 학생들이 대답을 한다.

이 질문에 내가 미국에서 대학원들을 다닐 때 그 당시 철학 분야의 석학인 로버트 고먼 박사가 칠판에 내가 그린 그림을 그려 놓고서 학생들에게 질문에 던지자 대부분의 학생들은 곰이 나무에 올라가는 그림이라고 하였다. 그러나 나는 동양인으로서 곰을 본 적이 동물원에서 한번 본적 이외에는 없기 때문에 곰이 나무에 올라가는 그림이라는 것은 상상도 할 수가 없었다.

철학자 고먼 박사는 나에게 질문을 하자 나는 지금의 내가 가르치는 학생들처럼 문지방에서 햇살을 차단하기 위해서 대나무로 만든 발이라고 설명을 하였다.

그러자 고먼 교수는 학생들에게 그림에 대한 나의 사고가 맞다는 것을 설명하였다.

내가 학생들에게 원하는 것은 영어를 잘하기 위해서는 미국인들이 가지고 있는 사고부터 이해를 하여야 영어실력이 금방 향상되는 것이다. 그렇지 않고 미국인들이 말하는 혀 모양만 쳐다보고 따라하는 흉내만 내는 경우 영어실력을 늘지가 않는 것이다.

내가 사랑이라는 궁극적인 목표에 대한 설명을 하기 위해서 한 가지 질문을 던지고자 한다.

나는 학생들에게 미국이 왜 세계 패권국이 되었는가에 대해서 질문을 한다.

미국이 세계 패권국이 된 원인은 바로 사랑이 국민정신의 바탕을 이루고 있기 때문이다. 가령 예를 들면 미국 할리우드에서 만들어낸 미국 영화는 거의 대부분이 미국의 공민교인 기독교를 바탕으로 하고 있으며 기독교 정신인 사랑을 바탕으로 하고 있다. 사실상 미국 영화를 보면 아무리 악한 범죄자라고 할지라도 마지막에는 사랑을 바탕으로 용서를 하고 있다.

내가 조금 전에 상담한 학생들을 비롯하여 나에게 상담을 오는 학생들의 대부분이 하나같이 단순히 어학 실력의 향상이 전부 이었다. 그러나 그 학생들에게 부족한 것은 바로 미국인들의 사고와 미국문화부터 배워야 영어실력이 금방 늘어나게 된다.

나는 그동안 많은 학생들을 비롯하여 젊은이들을 상대하여 보았다. 학생들과의 면담을 통해서 느낀 점은 학생들이 점차적으로 남에 대한 배려를 비롯하여 사랑이 부족하다는 사실을 느낄 수 있다.

사랑은 아름다워라 라는 노래는 윌리엄 홀덴 주연의 영화 모정의 주제가로서 우리에게 잘 알려져 있다. 이 영화는 주제가 한국동란과 홍콩을 배경으로 한 종군기자와의 사랑을 다루었기 때문에 우리의 가슴속에 더욱 생생하게 기억된다. 민족 시인이자 독립운동가인 만해 한용운의 시 내가 님을 사랑하는 이유의 한 구절에서 인간이 가지고 있는 사랑이란 무엇인가에 대해서 깊이 생각해 볼 필요가 있다.

만해의 님을 사랑하는 까닭의 한 구절을 보면

> 내가 님을 사랑하는 이유는
>
> 내가 당신을 사랑하는 것은 까닭이 없는 것은 아닙니다. 다른 사람들은 나의 미소만을 사랑하지만 당신은 나의 눈물도 사랑하는 까닭입니다.
>
> 내가 당신을 기다리는 것도 까닭이 없는 것은 아닙니다. 다른 사람들은 나의 건강만을 사랑하지만 당신은 나의 죽음도 사랑하는 까닭입니다.

인간은 본능적인 사랑과 고결한 사랑 모두를 가지고 있다. 본능적인 사랑은 동물도 인간과 마찬가지로 가지고 있다. 본능적인 사랑은 성적인 욕망과 소유욕을 포함한 종족보존이라는 차원에서 자기자손에게는 아낌없는 헌신적인 사랑을 한다.

인간도 남녀 간의 사랑에는 인간내면에 저 깊은 곳에 잠재되어져 있는 종족보존 본능의 사랑이 깔려져 있다. 정신분석학자이자 심리학자인 프로이드에 의하면 남녀 간에 당신을 사랑합니다. 라고 하는 말은 당신과 성교가 가능하다는 것을 인간내면에 깊숙이 가지고서 한다는 말이다. 이 말은 성적인 소유욕으로부터 나온 표현이라고 본다. 할머니나 나이 아주 어린 어린이에게 이성으로서 나는 당신을 사랑합니다. 라는 말은 사용하지 않는다는 것이다. 프로이드는 인간의 모든 행동을 성과 관련시켜서 이해하려고 노력한 화제의 인물이었다.

인간이 가지고 있는 사랑이라는 의미는 인간에게 만일 사랑이라는 것이 존재하지 않는다면 인간이라는 종족은 지구상에서 벌써 수 억 년 전에 멸종을 하였을 것이다.

인간이 가지고 있는 사랑이라는 말속에는 많은 의미가 내포되어져 있다. 사랑이라는 말속에는 조건이 없다는 의미가 들어있다. 조건부 사랑은 사랑이 아니다. 진정한 사랑은 무조건적이어야 한다.

한용운의 님의 침묵은 사랑을 민족의 해방과 관련하여 사랑 속에는 민족의 독립이라는 의미를 표현하고 있기는 하지만 사랑이라는 그 자체를 두고서 우리는 생각해 볼 필요가 있다. 시에서 눈물과 죽음도 마다하지 않는 조건 없는 인간 본연의 순수성을 나타내고 있으며 사랑은 받기보다는 조건 없이 준다는 것을 나타내고 있다.

사랑 중에서 가장 중요한 것은 자기 자신을 사랑하는 일이 가장 중요하다. 자신을 사랑하는 사람은 자신에 대해서 엄격하며 절제를 할 줄 알고 자기 스스로를 가꾸어 나가는 생활이며 그렇지 않고 방탕한 생활을 하는 사람은 사랑이 없는 사람이다.

사랑은 아름다워라 라는 모정의 주제에서와 같이 진실한 사랑은 영원하며 예수님이 죄인에게 복수대신에 용서를 허용한 가장 고귀한 사랑으로부터 시작해서 가까운 친구를 위해서 목숨을 바치는 조건 없는 사랑까지 다 아름다운 사랑이다.

남녀 간의 사랑도 조건 없는 순수한 사랑이어야만 오래가고 그 순수한 사랑이 자신에게 멀리 떨어져 나가더라도 자신의 머리에는 영원히 아름다운 추억으로 살아서 기억된다.

인간이 살아가는데 직장에서나 가정에서나 어디에서든지 사랑으로 출발하여 사랑으로 끝이 나야 한다. 직장 동료들과의 관계에서도 사랑을 바탕으로 한 솔선수범과 희생정신을 보일 때 그 사무실의 분위기는 더욱 평화롭고 안정되어진다. 현대와 같이 복잡한 환경일수록 주변의 모든 것을 미움이 아닌 사랑으로 대할 때 자기 스스로가 삶에 대한 진정한 가치를 느끼지 않나 싶다.

현대 젊은이들을 나약하게 만드는 것은 사랑이외에 지나친 물질적인 욕망에 사로잡혀 있기 때문이다.

이방인으로 우리에게 잘 알려진 프랑스의 노벨 수상작가 알프레드 까뮈는 그의 작품 오해에서 돈에 대해서 지나친 욕심을 부린 모녀는 자신이 운영하는 여관의 손님 들을 차례로 독약을 먹어서 죽이고 시체를 강물에 버리고 돈을 가로챈다.

자신들이 기다리던 아들과 오빠는 부자가 되어서 모녀를 깜짝 놀라게 하기 위해서 여관의 손님으로 변장을 해서 여관에 잠입한다. 그들은 투숙한 손님이 자신들이 기다리던 오빠와 아들인줄 모르고 독약을 먹어서 살해하고 시체를 강물에 빠뜨리는 순간에 오빠인줄 알아차린다. 자신들의 지나친 욕심이 기다리던 아들과 오빠를 죽이게 만든다. 까뮈의 작품에서 인간의 지나친 욕심은 자신과 가족을 파멸로 몰아갈 가능성을 보여주고 있다.

사월은 잔인한 달의 구절로 시작하는 황무지 시인 토마스 엘리엇은 황무지에서 낙원을 만든다는 것은 불가능 하다는 것을 보여주고 있다. 엘리엇이 말하는 황무지는 현대의 발달된 과학과 기술의 문명이 인간을 황무지로 만든다는 것이다.

현대를 살아가는 현대인들은 물질적으로는 풍요로운 삶을 살아가고 있다. 먹는 기름진 음식과 발이 되어주는 자동차와 들어가 사는 현대식 아파트는 외형상 지상낙원을 연상하게 한다.

인간은 더욱 더 물질을 중시하는 세속인으로 변해가고 있다. 물질중시의 세속사회는 결국 인간을 정신적 안정과 여유로움을 박탈하고 불안정한 나약한 인간으로 만들고 말았다.

현대인에게 문명은 사탄이 에덴동산에서 이담을 유혹시킨 금단의 열매와 같은 것이다. T. S. 엘리엇이 황무지에서 인간에게 주의를 준 지나친 문명의 혜택은 인간이 힘들게 일구어 놓은 지상낙원은 밀턴의 실낙원으로 변해가고 있다.

자본주의 사회에서 돈은 인간 육체의 피처럼 중요한 존재이다. 그러나 현대인들은 물질에다 지나치게 비중을 부여하고 있다. 황금만능주의 사상은 지상낙원에서 필요한 도덕성과 신뢰성을 상실해 버리게 된다.

물질을 지배해야할 인간은 물질의 노예로 전락해가고 있다. 인간이 꿈꾸며 일구어 놓은 낙원은 신뢰와 도덕성이 상실한 서로가 서로를 피곤하게 만드는 실낙원으로 변해가고 있다.

젊은이들이 나약한 도가니에서 벗어나기 위해서는 미국 시인 T. S. 엘리엇이 말한 문명과 황무지를 다시 되새겨서 물질의 노예로부터 벗어나는 여유로움을 갖는 정신이 필요하다.

요즈음 젊은이들 사이에 물질 숭배사고가 점점 더 팽배해져 간다는 사실은 대학에 입학하기 위해서 학생들의 원하는 학과의 선호도를 보면 쉽게 알 수 있다.

과거 내가 학교에 다닐 때는 법과 대학이나 상과대학이나 공과대학이 인기학과로 선정되어서 학교에서 성적이 좋은 학생들이 많이 선호하기는 하였다.

그러나 자신이 정말 학문에 뜻이 있어서 비록 가난하지만 학자로서의 길을 걷고 싶다거나 가난한 예술가로서의 길을 걷고 싶을 때는 학교의 성적이 아무리 우수하더라도 거리 낌 없이 돈과 관련이 없는 학과로 입학을 하였다.

지금은 비인기학과로 학생들이 아무도 응시를 하지 않아서 EU 학과로 통폐합을 추진하는 불문과나 독문과 등도 당시에는 문학에 뜻을 둔 학생들은 장래의 직업이나 돈과는 관계없이 지원을 하여 학교에 입학을 하였다.

지금도 마찬가지이지만 졸업 후에는 아무도 받아주지 않는 인문대학의 철학과의 경우에는 과거에는 많은 학생들이 몰려들었다. 그 당시 젊은이들은 철학과를 비롯한 인문대학을 나오면 굶어 죽을는지 모른다는 사실을 알고 있었다. 그러나 당시 학생들은 물질보다는 정신의 중요성을 존중하였다.

사실상 오늘날과 같이 전 세계의 젊은이들에게 물질을 중요시 여기는 사고를 가져다준 나라는 미국이었다.

미국은 지금도 기초과목보다는 돈과 관련된 응용과목을 더욱 더 중요시 여기고 성적이 좋은 학생들은 대부분 돈을 잘 버는 학과로 몰리고 있다.

그러나 미국도 진정으로 자신이 좋아하는 학문이면 돈과는 전혀 개의치 않고서 자신이 원하는 일에만 몰두하는 젊은이들이 많이 있다. 현재 미국을 세계 최고의 패권국으로 만든 정신은 바로 젊은이들이 자신이 하고 싶으면 굶어 죽더라도 한우물만 파는 젊은이들의 정신을 바탕으로 하고 있기 때문이다.

물질만능주의 사상이 점차적으로 팽배해져가고 있는 시대가 되었다. 젊은 사람들은 돈에 대해서는 점점 더 애착을 느끼면서 인생의 목표를 돈에 맞추려고 하는 풍조가 팽배해지고 있다.

물질만능주의 시대는 인간사회를 타락의 사회로 만들어 버릴 수가 있다. 물질만능 사상이 인간사회를 부패와 타락의 도가니로 빠뜨릴 수 있다는 생각으로부터 구해낸 사람은 미국의 대표적인 사상가 랄프 왈도 에머슨을 들 수가 있다.

에머슨은 당시 물질만을 추구해 나가는 타락한 인간사회에 초절주의 사상을 불어 넣음으로서 미국사회를 새로운 인간사회로 만들어낸 위대한 사상가 이다. 그의 초절주의 사상은 바로 물질만을 추구하면서 정신적으로는 메말라있는 현대인들이 알아야 할 기본정신이다.

미국의 건국이념인 청교도 정신은 얼마 후 물질만능주의로 넘어 오면서 미국인들은 정신적으로 타락하기 시작하였다. 미국인들의 정신적인 타락을 방지하고 도덕적인 책임감과 정력적인 삶의 부활을 주장한 사상가가 바로 에머슨이었다. 그는 목사로서의 길을 걸었으나 후에 사상가로서 변신을 하여 미국을 대표하는 사상가가 되었다.

에머슨은 신플라톤주의의 이념인 물질보다 정신이 중요한 금욕적인 사회가 세속적 물질주의 사회를 넘어서야만 한다는 정신적인 사상의 인도를 주창한 인물이었다. 에머슨의 사상은 미국적인 시각에서는 청교도 정신의 부활이라는 것을 의미한다. 초창기 미국사회는 청교도 정신을 바탕으로 한 금욕주의 사상이 미국사회 전역에 불붙고 있었다.

미국사회는 청교도 정신의 쇠태와 함께 물질만능주의의 사회로 변하되면서 타락하기 시작하였다. 초창기 사람들과는 달리 후기에 이민 온 사람들은 대부분 일확천금의 부를 노리고서 이주해 온 사람들이었다. 이들은 정신적인 풍부함 보다는 물질적인 풍요로움 원하던 사람들이었다.

에머슨은 물질보다 정신적인 풍요로움이 훨씬 더 인간의 삶의 가치를 높이며 인간은 보다 정력적인 삶을 사는 길이 창조주인 하느님에게 보답하는 일이라고 주장하였다. 특히 도덕적으로 금욕적인 생활을 주장하였다.

부의 축적에 대해서는 눈이 하늘에서 공평하게 내리지마는 바람이 불거나 해서 얼마가지 않아서 여기 저기 갈라져서 쌓이게 된다. 인간이 부를 많이 축적하는 것은 나쁜 행위는 아니다. 재물을 모으는 일에 대해서는 그는 비교적 관용적인 사상을 가졌다.

에머슨의 사상은 타락한 미국사회를 정화시키는데 크나큰 기여를 하였다. 미국사회는 초창기 미국의 건국이념인 청교도 정신에 의한 도덕성을 중시하는 사회와 물질주의 사회가 병행해 나가기 시작하였다.

현대 젊은이들은 물질 앞에서 나약한 존재로 변하고 있다. 젊은이들의 나약성을 극복하기 위해서는 물질적 추구이상으로 지켜나가야 할 것은 깨끗한 도덕성이라고 느껴진다.

5

어떤 철학자로 살아갈 것인가

대학에서 전공과목 이외에 교양과목으로서 철학을 오래 동안 가르치고 있다. 교양과목의 주제는 철학과 인간이다. 주제의 내용은 서양철학인 탈레스에서 시작해서 현대 철학의 거장인 사르트르까지 강의를 하고 있다.

내가 가르치는 서양철학의 거장들 중에서 가장 중요하게 생각하는 철학자들은 소크라테스와 플라톤과 아리스토텔레스의 세 철학자들이다.

우리가 생각하기에 철학은 단순히 실생활과 동떨어진 학문으로만 생각하고 있는 경우가 허다하다. 그러나 사실은 철학을 하는 목적은 인간이 지나오면서 습득한 지식을 가장 지혜롭게 사용하는 방법을 터득하는 것이 철학하는 근본목적이다. 동양의 철학자 공자나 맹자는 난세에 인간은 어떠한 방법으로 살아가야만 하는 방법을 가르쳐 주고 있다.

나는 서양철학을 가르치면서 동양이나 서양이나 인간이 지켜야 할 근본적인 법도는 같은 맥락에서 시작된다고 본다. 따라서 글로벌 시대에 필요한 윤리나 도덕은 서양사회의 근본을 이루고 있는 소크라테스와 플라톤과 아리스토텔레스로부터 우리는 현대의 젊은이들 살아가는 올바른 법도를 배울 수 있다고 본다.

다음은 내가 학생들에게 수업시간에 강의한 내용을 소개하면 -

서양문명의 발상지인 그리스의 아테네에는 우리가 어떻게 살아가야할지를 생각하는 조각품이 하나있다.

바로 서양사회의 정신을 만들어낸 세 철학자.

소크라테스, 플라톤, 아리스토텔레스의 동상이다.

소크라테스는 땅을 내려다보고 있으며 플라톤은 하늘을 쳐다보고 있다.

반면 아리스토텔레스는 똑 바로 앞을 보고 있다.

소크라테스가 땅을 내려다보고 있는 것은 자기 자신을 알라며 인간의 겸손을 강조하며 인간은 부족하고 불완전한 존재이기 때문에 겸손하게 항상 고개를 숙이고 아래를 보면서 인생을 살아가야한다는 것이다.

그에 반해 플라톤은 이데아 즉 이상사회를 원한 사상가이다.

플라톤은 소크라테스와는 대조적으로 인간은 신의 아들로서 완벽한 존재가 될 수 있다고 생각했기 때문에 그처럼 고개를 들어 하늘을 쳐다보고 있다.

한편 아리스토텔레스는 소크라테스처럼 너무 자신을 낮추거나 플라톤처럼 이상만 볼 게 아니라 똑바로 앞을 바라보며 살아야 한다며 중용의 도를 원하고 있다.

이 세 명의 철학자가 실제로 걸어간 삶은 어떠했는가?

지나치게 겸손을 강조한 소크라테스는 항상 걸인 같은 차림으로 아테네 광장을 누비며 집에서는 악처에게 무시당하며 살았다.

결국 소크라테스는 악법도 법이다. 라는 말만 남기고 사형을 당했다.

플라톤의 삶은 어떠했는가? 그는 이상주의만을 강조한 나머지 결혼도 하지 못했다. 플라톤은 동성연애자가 되어버렸다.

플라톤이 원하는 완벽한 이상형의 여성이 없었기 때문이다.

오늘날 말하는 플라토닉 러브는 현실과는 괴리가 있는 사랑이다.

세 명의 철학자중 중용의 도를 주장한 아리스토텔레스는 인생을 모나지 않게 살기를 원했으며 본인도 그러한 삶을 살았다.

현재 서양사상의 주류를 이루는 것은 아리스토텔레스의 사상이다.

동양사상의 주류를 이루고 있는 공맹사상 역시 중용의 도를 중시했다.

인생을 살아가면서

소크라테스가 될 것인가

플라톤이 될 것인가

아리스토텔레스가 될 것인가

선택은 자신에게 달려있다.

위에서 내가 내 강의를 듣는 학생들에게 강조하고자 하는 것은 인간은 남보다 너무 튀는 행동을 하거나 아니면 남에게 너무 뒤쳐진 행동을 하는 경우에는 생존하기가 힘이 든다.

회사에 입사해서 처음부터 너무 앞서 나가는 사람은 동료들에 의해서 질시의 대상이 되어서 얼마가지 못해서 제거되어져 버린다.

그리고 너무 뒤쳐지는 사람은 항상 선두그룹으로부터는 제외되어져 버린다. 인생의 살아가면서 가장 좋은 방법은 중간정도의 페이스를 유지해 나가면서 인생을 살아가는 것이 가장 현명한 방법이다.

중도의 길을 걸어가는 사람은 다른 사람들로부터 질시의 대상에서 제외될 뿐만 아니라 마지막 골인 점에서는 승리를 할 수 있는 기회가 주어져 있기 때문이다.

6

젊음은 왜 아름다운가?

나는 수년전부터 서울의 모 시립대학의 시민대학에서 미국바로알기라는 강의를 하고 있다. 이 시민대학에서 강의를 듣는 수강생들의 대부분은 사회에서 정년을 한 60대 이상의 노년층들이 주류를 이루고 있다.

이들 노년층과 내가 학교에서 가르치는 20대를 비교해 보면 20대 젊은이들은 모두가 다 하나같이 너무 미인과 미남들이라는 점을 발견 할 수 있다.

학교에서 내 강의를 듣는 수강생들을 보면 볼수록 잘생겼다는 생각으로 가득 차 있다. 시민대학의 노인들과 학교의 청년들 사이에서는 나는 학생들의 얼굴이 노인들보다 더 잘 생겼기 때문이겠지 하였다. 그러나 얼마 후에 나는 학생들로부터 왜 학생들이 나에게는 너무 미남 미녀로 보이는 이유를 찾아 낼 수 가 있었다.

그 이유는 바로 학생들이 20대의 젊음과 싱싱함 때문이라는 사실을 발견하였다.

20대 젊은이들은 젊다는 것 하나만으로도 아름다워 보인다. 또한 20대 젊은 여성들이 먹지 않아도 화장을 하지 않아도 매일같이 새롭게 피워나는 꽃봉오리 같이 아름다워 보인다.

생물학적으로도 젊은 여성들은 그 자체만으로도 싱싱하게 피어나고 있는 것이다.

독일의 문호 괴테는 인생에서 가장 아름다운 시기는 20대이다. 라고 그의 시에서 노래하고 있다. 괴테는 젊음의 아름다움을 흠모하고 있다. 독일의 시인 헤르만 헤세도 젊은 날의 좌절과 고독과 희망을 노래하고 있다.

괴테가 젊음은 아름답다. 라고 노래하고 헤세가 젊은 날의 고뇌를 표현하는 원인은 어디에 있는가?

젊음은 시야를 넓혀서 자신이 성공을 향해서 노력하면 성공할 가능성이 아주 크기 때문이다.

나는 젊은이들을 보면서 아래와 같이 노래하고 싶다.

젊음은 인생에서 사계절의 봄날과 같다. 젊음은 봄날과 같이 꽃단장을 하고 왔다가 눈 깜작 할 사이에 사라져 버린다. 젊음은 진달래 꽃비를 몰고서 화려하게 등장한다. 화려한 봄내 음은 금방 사라져 버린다.

젊음은 소낙비와 같다. 소낙비는 천둥과 먹구름을 동반한다. 천둥과 먹구름이 조화된 소낙비는 엄청난 힘과 열정을 토해내고 있다.

젊음은 순식간에 나타나서 순식간에 사라지면서 인생에서 큰 흔적을 남기고 사라져 버린다.

젊음이 인생에서 할퀸 자국을 남기고 사라진 이후 인간은 젊음을 그리워하고 젊은 시절이 다시 돌아온다면 무엇을 할 것인가를 회상하게 된다.

만일 젊음이 영원히 존속한다면 괴테는 젊음이 아름답다고 노래를 할 수 있었던가.

젊음이 영원하지 못하기 때문에 괴테와 헬만 헤세는 젊은 시절을 그리워하고 아쉬워하지 않았던가.

인간은 누구나 다 시한부 인생을 살아가고 있다. 시한부 인생에 대해서 비관적으로 노래한 한국의 소설가 정비석 선생은 마의태자 궁예의 마지막 생존 지 철원에서 태자를 그리는 수필 "산정무한"에서 이렇게 읊고 있다. "태자가신지 천년이 지났으니 천년도 수유든가 ? 고작 70생애의 희로애락을 싣고 각축하다 한 움큼의 썩은 흙으로 돌아가는 것이 인생이라 생각하니 갈 곳 없는 나그네의 마음은 암연히 수수롭다." 라고 인생의 무상함을 노래하고 있다.

괴테는 왜 인생에서 젊음을 아름답다고 하였던가?

괴테가 보는 인생의 젊음이 아름답다. 라는 말은 젊음은 인생에서 황금기라는 말이다. 이 말은 젊기 때문에 무슨 일도 할 수 있는 무한한 가능성을 가지고 있다는 말이다.

괴테의 눈에 비친 젊음은 일곱 빛깔의 화려한 색상을 수놓은 무지개와 같다. 젊음은 하늘의 무지개를 타고서 끝없이 펼쳐진 공간속으로 날아올라갈 수 있다.

낭만주의를 대표하는 시인 "윌리엄 워즈워드"는 그의 시 "무지개"에서 젊음을 예찬하고 있다. "무지개를 바라보니 내 마음은 뛰누나. 어릴 때처럼 어른이 된 뒤에도 내 가슴은 뛰누나. 어린이는 어른의 아버지. 내 인생 늙은 후에도 내 가슴은 뛰겠지." 라고 표현하고 있다.

낭만주의를 대표하는 워즈워드는 '어린이는 어른의 아버지'라는 시구에서 젊음의 중요성을 노래하고 있다. 워즈워드는 젊은 시절은 쉽게 동요되어지고 쉽게 감동을 받아서 가슴은 뛰고 있다고 노래하고 있다.

만일 정비석 선생이 젊은 시절에 마의태자가 거주하던 곳을 찾아 갔더라면 틀림없이 인생에 대해서 희망찬 글로서 표현을 하였을 것이다. 괴테 역시 젊음을 부러워하는 시의 구절을 노래하는 이유는 나이가 중년이후 노년에 들어서면서 젊음을 노래하기 시작하였다.

인간은 누구나 다 시한부 인생을 살고 있다. 시한부 인생에 대해서 심리학의 석학 "칼 융"은 인생은 자신이 하루하루를 어떻게 사는가를 결정하는 것이 아니라 인간 스스로가 하루하루에 구속되어져 사는 인생을 살아가고 있다고 한다.

존재와 시간으로 실존주의 문학을 대표하는 하이데거 역시 인간 존재와 시간에 대해서 유한적 존재인 인간이 무한적 시간을 지배하여야 한다는 말을 하였다.

하이데거의 사고는 인생에서 시간의 무한성은 시간이 인간을 지배하는 것이 아니라 인간이 시간을 지배한다는 논리이다.

하이데거는 영속적인 시간을 인간이 어떻게 관리하느냐에 따라서 인간 존재는 영속성을 지닐 수 있게 된다는 것을 의미한다.

젊음은 영원히 존재하지 않는다.

서양의 격언에는 시간은 화살이다. 라고 표현하고 있다. 시간은 쏜살같이 흘러버린다. 동양에서도 공부할 시기가 있으며 때를 놓쳐 버리면 인생은 끝이 난다는 격언들이 많이 있다. 젊음의 시간은 잡을 수 없는 화살과 같이 흘러 버린다는 서양 격언은 인생에서 가장 중요한 젊음은 화살과 같이 흐르기 때문에 빨리 잡아야만 한다는 것을 의미한다.

실존주의 문학을 대표하는 사르트르는 "실존은 본질에 앞선다."라는 말로서 인간은 시시각각 시간을 활용하기에 따라서 인간은 변화를 추구해 나가게 된다는 것이다. 인간의 선천적 요소는 후천적인 요소에 의해서 사라지게 된다는 것을 의미한다.

아침이슬을 머금고 피어난 싱싱한 붉은 백일홍에서 상쾌함과 희망과 즐거움을 찾을 수 있다. 젊음은 바로 아침에 갓 피어난 백일홍과 같다. 백일홍이 꽃 중에서 가장 오래 동안 피어나 있다. 꽃이 백일동안 피어있다고 해서 백일홍이라고 한다.

백일홍도 초기의 아름다움은 가면 갈수록 빛이 바래져서 퇴색되어져 버린다. 빛바랜 백일홍에서 초기의 싱싱함과 아름다움을 찾을 수가 없다. 이것은 젊음은 인생에서 무한한 가능성을 가지고 있다는 것을 의미한다.

젊음은 예술이다. 젊음은 미술가에 비유할 수 있다. 그림속의 화판과 같이 넓은 공간에 자신이 시각을 통해서 희망하는 것을 빈 화판 속에 자신의 머릿속에서 꿈꾸는 것을 상상력을 동원하여 화판 속에 그려 넣을 수 있다.

젊음은 음악의 작곡가와 같다. 자신이 듣고 싶어 하는 것을 청각을 통해서 들을 수 있도록 오선지에 마음껏 그려 넣을 수 있다.

젊음은 건축가의 공간과 같다. 자신이 원하는 것을 마음껏 지었다 허물어뜨릴 수 있다.

젊음은 열정이다. 젊음은 자신이 원하는 목표를 거침없이 추진해

나갈 수 있는 에너지를 가지고 있다. 젊음의 열정은 태양 속에서 활활 타오르는 8천만도의 끓어오르는 용광로이다. 젊음의 열정은 끓어오르는 무한한 가능성을 가지고 달려 나가고 있다.

젊음의 열정은 비오는 날에 수채화이다. 소낙비 오는 날 물 배긴 화판에 거침없이 열정을 가지고 희망을 그려 넣을 수 있는 상상력이 끝없이 솟아오른다.

젊음의 머리는 상상력으로 차 있다. 태초 인간은 젊음의 상상력으로 문명을 창조해 내었다. 신은 인간을 창조하였지만 인간의 문명은 창조해 내지는 못했다. 인간의 문명은 바로 젊음의 머릿속에서 피어오르는 상상력에 의존하여 창조 되었고 날아오르고 있다. 젊음의 상상력은 지구상에 존재하는 만물을 지배하는 동력소가 되었다.

상상력은 모험심을 일으켜서 무한한 도전 속으로 빨아들인다.

젊음은 자신이 가지고 있는 상상력을 무기로 하여 열정적인 삶을 살아가야만 한다.

젊은이들이 성공을 위한 시야를 넓히기 위해서는 가장 중요한 것은 가능하면 빨리 목표를 세우고 출발하는 일이 중요하다. 출발의 중요성은 동양사회나 서양사회에서 다 함께 강조를 하고 있다.

인간이 지구상에서 존재하면서 누구나 올바르고 성공적인 삶을 살아가는 방법에 대해서 연구를 계속해 나왔으며 현재도 계속해 나가고 있다.

고대 동양사회의 정신적 하부구조를 이루고 있는 공맹사상은 인생에서 성공을 하기 위해서는 10대 때에 자신이 어떤 인물이 될 것인지에 대해서 구상을 하고 밑그림을 그리는 의지를 세우는 입지를 세울 필요성을 강조하고 있다.

서양사회의 모든 사상은 플라톤으로 통한다. 라고 할 만큼 동양의 공맹사상에 해당하는 플라톤과 아리스토텔레스의 사상에서도 젊은이들의 올바른 윤리관을 강조하고 있다.

플라톤은 그의 향연을 통해서 젊은이들에게 필요한 기본과목과 예술적인 정서의 필요성을 강조하고 있다. 플라톤의 제자인 아리스토텔레스도 윤리적인 인간관과 인생에서 자신의 나이에 따라서 필요한 직업관에 대해서 자세하게 설명하고 있다.

이처럼 인생에서 젊은 시절의 중요성은 동서고금을 통해서 강조하고 있다.

인생에서 가장 중요한 것은 인생을 어떻게 가치 있게 성공적으로 살아가는가 하는 문제이다. 따라서 인생을 성공적으로 살아가기 위해서 가장 중요한 것은 20대에 어떻게 인생을 구상하고 어떻게 활동을 하는가에 따라서 인생의 성공이 결정되게 되는 것이다.

20대에 인생을 구상하는 능력에 따라서 이어지는 30대에 결정적인 영향을 미치게 된다.

인생에는 연습이라는 것이 없다. 만일 연습이 있다면 나이가 들어서 돌이키면 된다.

인생에서는 과거를 돌이킬 수는 없다. 영국의 극작가 셰익스피어는 무대에 막이 오르면 자신이 주인공이며 다른 사람들은 단지 조연이거나 아니면 관객에 불구하다. 자신의 인생은 자신이 개척해 나가지 않으면 안 된다. 훌륭한 인생을 설계하고 그 설계에 맞추어 나가기 위해서는 무한한 노력이 필요하다.

아무리 좋은 기반을 가진 쇠붙이라도 명검을 만들기 위해서는 다른 쇠보다 더 많이 갈고 닦지 않으면 명검이 될 수가 없는 것이다. 따라서 인생을 열심히 갈고 닦으면 명검과 같이 되고 그렇지 않고 그냥 보내 버리면 평범한 쇠붙이로 만든 칼이 되어서 빛을 발할 수가 없는 것이다.

현대의 젊은이들에게 필요한 것은 20대에 그들이 어떠한 삶을 살아가는가가 인생에서 어둠속에서도 빛을 발할 수 있는 명검이 되는가 아니면 그냥 이름 모르는 굴러다니는 평범한 쇠붙이로 끝이 나는가가 결정되는 것이다.

인생의 성공은 결국 20대에 결정된다고 할 수 있다. 20대에 성공에 부합하는 삶을 살기 위해서 노력하는 사람은 30대부터는 성공으로 가는 지름길의 본 궤도에 오르게 되는 것이다. 그러나 20대에 제대로 중심을 잡지 못하고 아무렇게나 목적 없는 삶을 살아가는 사람은 30대 이후부터는 더욱더 힘든 삶을 살아가며 성공과는 정반대의 길을 가게 되는 것이다.

7

네 안에 숨은 거인을 찾아라

나는 전공과목이외에 가을 학기에는 국제관계의 이해라는 과목을 교양으로 가르치고 있다. 국제관계의 이해란 글로벌 시대에 훌륭한 인간으로 살아가기 위해서 필요한 과목이라고 생각해서 학교에서 오래전부터 교양 필수 과목으로 개설하고 있다.

그런데 내 강의를 듣는 학생 들 중에서 신학을 전공한 송 모 학생은 대학에 입학할 당시에는 목회자의 길을 걷기 위해서 신학과에 입학을 하였지만 외교관이 되고 싶습니다. 그리고 외교관으로서 길을 가기 위해서는 우선 유엔에 가서 일하고 싶습니다. 라고 하면서 나에게 면담을 신청을 하였다.

나는 그 학생에게 목회자의 길도 좋지만 자신의 적성에 맞추어서 만일 외교관이 자신에게 더욱 더 낫다고 생각하면 지금이라도 진공을 비꾸어서 인생의 진로를 바꾸라고 하였다.

내가 가르치는 많은 학생들을 보면 자신이 전공한 과목에 대해서 불만을 가지고 있는 학생들을 많이 볼 수 있다.

가령 컴퓨터 공학과 학생들 중에서 입학을 하고 보니 자신이 선택한 컴퓨터 학과가 적성에 맞지 않아서 고민을 하는 학생을 보았다. 또한 음악을 전공하는 학생들 중에서 적성에 맞지 않는다고 말하는 학생들도 상당수 보아왔다.

나는 대학을 입학할 때 나의 부친이 공무원을 하고 있었기 때문에 별로 아무런 생각 없이 행정학과에 입학을 하였다. 그런데 당시 대부분 행정학과 학생들은 행정고시를 준비해서 공무원이 되려고 하였다. 대학의 분위기는 전부가 다 오로지 행정고시에만 재학 중에 합격하기를 희망하는 분위기이었다.

그러나 당시 나는 그런 관료로서의 딱딱한 분위기가 싫었다. 특히 아버지의 근엄하면서 권위적인 분위기가 싫었다. 그래서 나는 행정학과에 다니기는 하였지만 다른 학생들처럼 행정고시 준비는 아예 하지도 않았다.

그 후에 대학 졸업 후에는 기업에 잠시 다니다가 학문을 하는 학자의 길을 걸으면 좀 더 자유롭게 살 수 있지 않을까 싶어서 미국으로 유학을 가면서 행정학에서 정치학으로 전공을 바꾸어 버렸다.

지금 생각하면 자신이 싫어하면서 할 수 없이 하는 사람은 불행한 인생을 산다는 생각이 든다. 인간의 삶에서 중요한 것은 자신이 하고 싶은 일을 하여야만 그 분야에서 두각을 드러낼 수가 있다고 본다.

수년전 차동엽 신부가 쓴 무지개 원리가 베스트셀러 작품으로 오른 적이 있다. 오래전에 나는 그 책을 읽어 보았기 때문에 책의 내용에 대해서는 정확한 기억이 나지 않는다.

그러나 나는 그 책들의 내용 중에서 한 부분이 기억이 난다. 그 내용을 보면 역사적인 인물인 아인슈타인과 마담 퀴리 부인에 대한 이야기 이다. 마담퀴리와 아인슈타인이 사후에 다시 인간으로 한국 땅에 환생을 하였는데 그들은 도무지 한국 같은 나라에서는 적응을 하지 못한다는 내용 이었다.

왜냐하면 아인슈타인은 우선 대학입시에 실패를 하였는데 그 이유는 수학과 물리에서는 백점을 맞았지만 다른 과목에서는 점수가 낙제점수를 받아서 결국은 대학입시에 실패하여 두각을 드러내지 못하고 있다는 것이다.

다음으로 퀴리부인 역시 한국과 같이 남녀의 성적인 차별을 하는 국가에서 여성이라는 이유로 사회에서 두드러진 업적을 내지 못하고 있다는 것이다.

나는 이 책을 읽고서 느낀 점은 바로 인간은 누구나 다 자신이 가지고 있는 강점과 약점이 있다는 것을 깨달았으며 역시 하느님은 공평하게 모든 인간을 창조하였다는 생각을 가지게 되었다.

최근 피겨 스케이팅의 여왕 김연아 선수를 비롯하여 가요계의 독보적인 존재로 군림하고 있는 이미자 가수 같은 경우 그들이 자신이 가지고 있는 남과는 다른 특수성을 살려서 개발하지 않았더라면 과연 그들이 다른 분야에서는 성공을 할 수 있었겠는가. 라는 문제이다.

수년전에 베스트셀러가 된 앤서스 라빈스의 저서 네 안에 잠든 거인을 깨우라. 에서도 인간은 누구나 가지고 있는 천재적인 잠재성을 찾아내어서 실력을 발휘하기 위해서 변화를 추구해 나가야만 한다는 점을 강조하고 있다.

인간은 누구나 개발하면 남보다 특수하게 들어날 수 있는 천재성을 가지고 있다. 대부분의 사람들은 그 천재성을 개발하지 못하고 그냥 두기 때문에 더 이상 발전하지 못하고 평범한 인간으로 일생을 끝을 낸다.

같은 물이라도 소가 마시면 젖이 되고 뱀이 마시면 독이 된다는 말이 있다. 또한 돼지에게 아무리 좋은 노래를 열심히 가르쳐도 돼지 목 따는 소리밖에 들을 수 없는 말이 있다. 인간은 누구나 다 불완전성을 가지고 태어났다. 이 말은 인간은 누구나 다 장점과 약점을 가지고 있다는 것이다. 천지 창조주인 하느님이 인간에게 공평하게 재능을 주었다는 것을 의미한다.

인간의 성공을 위해서 진정으로 필요로 하는 것은 자신의 강점과 약점을 살려서 계발해 나가는 일이다. 인간은 누구나 다 강점과 약점을 가지고 태어났다. 앞 구절에서 이미 예를 들어서 설명한 세계적인 물리학자 아인슈타인이 자신의 강점을 일찍 발견하지 못했더라면 그는 대학도 입학하지 못했을 것이다. 아인슈타인은 고등학교에서 물리이외에는 전부가 다 낙제점수를 받아서 대학에 정상적으로는 들어 갈 수가 없었다. 대부분 성공하는 사람들은 자신이 가지고 있는 자질을 살려서 지속적으로 계발해 나갔기 때문에 성공을 한 것이다.

자신이 가지고 있는 장점은 비록 늦게나마 발견을 했다면 빨리 서둘러서 집중적으로 계발해 나가야 한다. 인생에서 늦었다고 생각하는 시기가 빠른 시기이다. 자신의 자질을 계발하는 경우에는 무한대로 거의 완벽에 가까 우리만큼 발전을 할 수가 있는 것이다.

인간은 누구나 다 팔방미인이 될 수가 없는 것이다. 따라서 자신의 장점이 무엇인지를 빨리 파악해서 그쪽으로 파고들어 가게 되면 성공의 지름길이 눈에 보이게 된다. 또한 대부분의 사람들이 그러하듯이 자신이 좋아하는 분야에 종사하게 되면 인생에서 행복을 느끼게 된다.

인생에서 늦었다고 생각되는 시기는 없다. 죽는 날까지 네 안에 있는 숨은 거인을 찾아서 변화를 추구하고 노력을 하여야만 한다. 이러한 경우 인간은 방향을 전환하여 성공할 가능성이 있는 것이다. 비록 자신이 늦은 감이 있다는 생각이 들더라도 자신의 강점이라고 생각되면 그쪽으로 방향을 전환하는 것이 바람직한 선택이라고 본다.

8

너는 할 수 있기 때문에 하여야만 한다는 사고로 열정을 가지고 덤벼야 한다.

나는 대학을 행정학과를 다녔다. 지금은 행정학과는 사회과학대학으로 소속되어 있지만 당시 내가 대학을 다닐 때 만 하여도 행정학과는 법과대학에 속해 있었다. 따라서 당시의 대부분의 법대생들은 사법고시나 행정고시를 준비하고 있었다.

사법고시를 준비하는 학생이나 행정고시를 준비하는 학생이거나를 불문하고 학생들의 책상 앞에는 철학자인 칸트의 너는 할 수 있기 때문에 너는 하여야만 한다는 글귀가 독일어가 아니면 한글로 크게 적혀져 있었다.

아마 내 생각에는 대부분 법과대학생들은 교양과목으로서 법철학강의를 들었기 때문에 칸트의 법사상에 대해서 배웠기 때문에 철학자 칸트로부터 크게 감명을 받았기 때문이라는 생각이 든다.

내가 미국에 유학을 가서 박사과정에서 정치철학을 부전공으로 공부할 정도로 철학을 공부하면서 느낀 점은 칸트가 인간에게 끼친 영향은 지대하다는 것을 이해 할 수 있었다.

특히 칸트는 비판철학과 실천철학을 통해서 인간에게 힘을 주고 행동을 할 수 있도록 하는데 크게 기여를 한 것은 사실이다.

나는 지금도 철학과 인간이라는 강좌를 강의하면서 아무리 시간이 없더라도 칸트는 빼놓지 않고서 열심히 강의를 하고 있다.

칸트가 젊은이들에게 남긴 교훈은 너는 할 수 있기 때문에 반드시 하여야만 한다. 는 말을 통해서 젊은이들은 자신이 선택한 것은 반드시 이루기 위해서 최선을 다하여야 한다는 것을 의미한다.

칸트의 말은 동양에서 많이 사용하고 있는 정신일도 하사불사라는 말과 유사한 의미를 내포하고 있다. 정신일도 하사불사라는 말은 이미 모든 학생들이 이해하고 있겠지만 다시 한 번 되풀이하면 정신을 집중하여서 하면 무슨 일이든지 성공을 할 수 있다는 말이다.

칸트는 철학자로서 할 수 있다는 말을 하였지만 칸트의 말을 실무적으로 활용하여 할 수 있다는 사고를 가지면 성공한다는 사실을 입증한 인물은 바로 암웨이 그룹의 창업주 리차드 디보스 회장을 들 수 있다.

현재 월마트와 암웨이 그룹 등이 치열한 경쟁을 치르고 세계적인 다국적 기업으로 성장을 하였다. 그중에서도 암웨이 그룹의 리차드 디보스 회상의 한마디는 회사를 세계적인 회사로 성장시키는데 결정적인 요인으로 작용을 하고 있으며 젊은이들이 반드시 가져야 할 사고이다.

암웨이 그룹의 리차드 디보스 회장은 직원들이 힘을 낼 수 있도록 유명한 말을 하여서 이말 한마디로 인해서 암웨이 그룹은 다시 살아나게 되었다. 암웨이의 디보스 회장이 한 말은 "너는 할 수 있어." 라는 말이었다.

암웨이가 성공적인 기업으로 발전한 원인은 바로 디보스 회장의 항상 너는 할 수 있다는 말을 회사의 철칙으로 삼았기 때문이다.

할 수 있다는 말과 하고 싶다는 말은 하늘과 땅의 차이의 결과를 초래

한다.

암웨이 그룹의 리차드 디보스 회장은 "할 수 있다." 라는 긍정적인 말을 함으로써 조직에서 부하들에게 희망이 살아나도록 하였다.

다시 칸트로 돌아가서 철학적 관점에서 칸트는 인간세상에서 선과 악을 분명히 하기 위해서 악인의 죄는 내세에도 벌을 받아야만 한다는 의미에서 인간의 영혼불멸설과 신의 존재를 주장한 위인이다. 인간의 도덕성에 바탕을 둔 칸트가 인간에게 가장 필요한 것은 자신감이라고 한 이유는 바로 인생에서 자신감이 얼마나 중요하다는 것을 잘 암시하고 있는 것이다.

내가 항상 내세우는 말은 인간 존재의 불완전성이다. 어떻게 보면 인간 개개인의 능력의 차이는 백지 한 장 차이에 불과하다고 할 수 있다. 결국은 인간이 자신감을 가지는 가 그렇지 않은가에 따라서 인생은 달라지 게 된다.

우리역사의 설화에 나오는 평강공주와 바보온달의 이야기를 생각 할 수 있다. 고구려의 유명한 명 장군이자 평강공주의 부마인 온달장군은 어린 시절에는 울보 아이로 동네에서 소문이 나 있었다.

울보 바보 온달에게 부족한 것은 자신감이라는 것을 안 평강공주는 온달에게 자신감을 불어 넣었기 때문에 온달은 역사에 남는 유명한 장군이 되었다.

또한 오 헨리의 소설 마지막 잎 새에서 불치병의 소녀는 자신이 매일 쳐다보는 마지막 남은 나뭇잎이 떨어지는 날 자신은 죽는다는 생각을 하였다. 이 사실을 안 이웃 아저씨가 그 마지막 잎 새가 떨어진 날 밤에 소녀 몰래 사다리를 타고 담에 올라가서 나뭇잎을 그려 놓았다. 소녀는 나뭇잎이 떨어지지 않는 것을 알고서 자신의 병도 고칠 수 있다는 자신감이 생겨서 소녀의 불치병은 완치되었다.

대부분의 암 환자들은 자신의 병보다는 암이라는 병이 불치의 병이라는 것 때문에 목숨을 잃어버리는 경우가 거의 대부분이라고 전문의들은 말하고 있다. 자신이 비록 암이 아니라 그 보다 수십 배 더한 불치병이라도 고칠 수 있다는 자신감만 있으면 병을 고칠 수 있는 것이다.

천재와 보통 평범한 사람의 차이가 어디에 있는가.

천재는 자신의 운명에 굴복하지 않고 도전적인 자세로 자신이 하는 일에 미치기 때문에 자신이 추구해 나가는 일에 커다란 업적을 남기게 되는 것이다. 반면에 평범한 범인들은 자신이 하는 일에 도전적인 아닌 운명으로 받아들이기 때문에 탁월한 업적을 나타내지를 못하게 된다.

성공 역시 같은 맥락에서 이해하여야 한다. 성공을 위해서 몰입을 해서 혼신을 다할 때 성공을 할 수 있는 것이다. 속담에 "남이 장에 가니까 나도 거름 즉 쓰레기라도 지고 장에 간다는 말이 있다."

요즈음 취업문제로 기가 죽어있는 젊은이들이 너무나 많이 있다. 다른 사람들이 취업 등 인생 준비를 하니까 나도 할 수 없이 취업준비를 해야지 하면서 하는 마음가짐과 반드시 인생에서 성공을 해야지 하면서 몰입을 하는 자세에서 엄청난 차이를 가져오게 된다.

성공에 몰입을 하기 위해서는 젊은이들이 어떠한 사고를 가져야 하는가에 대해서 조언을 하고 싶다.

인생에서 어려운 성공을 통과하기 위해서 열정적인 사고를 가지고 달려들어야 한다.

열정을 가지고 매사에 접근을 할 때 그 사람은 아름다워 보인다.

인류 역사상 플라톤 이래 최고의 철학자 헤겔은 인간에게 행복을 가져다주는 것은 열정이라고 했다. 헤겔은 독일에 쳐들어온 나폴레옹을 멀리서 보고서 나폴레옹에게 매료되어 버렸다.

나폴레옹에게 열정이 없었더라면 그는 평범한 군인으로 끝이 났을 것이다. 라고 헤겔은 말하고 있다.

인간의 열정은 예술가와 혁명가와 기업 인 뿐만 아니라 인생을 살아가면서 누구에게나 필요하다.

앞에서도 말했듯이 현대 최고의 경영인 잭웰치는 " 훌륭한 리더는 자신이 열정을 가지고 있어야 하며 그 열정을 불어 넣을 수 있어야 한다. 라고 말하고 있다.

인간에게 필요한 것은 열정이다. 열정을 자신이 목표로 세운 일에다 쏟아 부을 수 있도록 시도를 하여야 한다. 인생에서 성공을 위해서는 열정을 가지고 시도부터 하여야 한다.

그리스의 철인 소크라테스는 "시도하지 않은 삶은 가치가 없다. 라고 말하고 있다."

인생을 살아가면서 가장 중요한 일은 자신이 하는 일에 미쳐야 죽이 되던 밥이 되던 한다. 자신이 하는 일에 미쳐서 미치광이가 되는 사람은 결국 결말을 보게 된다.

신라시대의 유명한 화가 솔거는 돈이 없어서 땅에다 그림 연습을 하였다. 그런데 어찌나 열심히 그렸든지 새가 날아와서 솔거가 절벽에 그린 소나무에 와서 앉으려다 떨어졌다는 일화가 있다. 또한 인상파 화가인 고호 역시 자신의 귀를 잘라 버리고서 자신의 자화상을 그릴정도로 자신이 하는 일에 몰두를 하였다.

자신이 하는 일에 미쳐서 집중하는 사람에게는 능력의 차이가 없다는 것을 미국의 어느 학교에서 실험을 통해서 잘 입증되고 있다.

미국에서 로젠탈과 제이콥슨 효과라는 말이 있다. 이 말은 샌프란시스코의 한 초등학생들을 상대로 지능테스트를 한 후에 무작위로 20 퍼센트를 골라서 각반의 교사들에게 이들이 우수한 학생이기 때문에 학습에 특별한 관리를 하도록 하였다. 수개월 후에 테스트를 한 결과 특별히 관리한 20 퍼센트가 우수한 성적이 나왔다는 실험 결과가 나왔다. 이것은 인간은 능력 자체는 별로 큰 차이가 없다는 것을 의미한단다.

조선 시대에 어느 하인이 서예에 미쳐서 평생 동안 집안 광에 숨에서 닭 "계" 자를 땅바닥에 섰다.

그런데 어느 날 새벽 캄캄한 광속에서 꼬끼오 하는 닭의 울음소리에 주인이 나가서 광문을 열어보니 하인이 쓴 닭 계자의 글씨에서 닭의 울음소리가 나더라는 것이다. 지성이면 감천이라는 말이 있다. 매사에 열심히 하면 하늘도 놀라서 도와준다.

인생에서 성공요건으로서 열정을 가지고 얼마나 강력하게 희망하는가에 따라서 인생의 성공이 결정 된다.

발명왕 에디슨의 경우를 보자.

에디슨이 전구를 발명하기 위해서 고온에 버틸 수 있는 탄소 막대기 필라멘트를 발명하기 위해서 수천 번의 실패를 거듭하였다. 그러나 에디슨은 열정을 가지고 끝까지 도전을 하여 마침내 성공을 거두었다.

퀴리부인 역시 라듐을 발견하기 위해서 열정을 가지고 혼신의 힘을 다하였기 때문에 성공을 거둔 것이다. 퀴리부인은 라듐을 손으로 만졌기 때문에 결국 죽을 때까지 손에 입은 화상을 고치지 못하는 불치의 병에 걸릴 정도로 자신의 일에 미쳐 있었다.

인류 최초의 여류 비행기 조정사인 린디 아멜리아 이어하트는 “열정적으로 움직이지 않으면 이루어지지 않는다.” 라고 하였다. 이어하트는 비행기에서 실종되었지만 그녀는 열정적인 삶을 산 본보기가 되고 있다. 비행기 조종의 개척자인 찰스 린드버그는 인간이 “시도가 없는 곳에는 어떤 사람들이 살고 있는지 궁금하다.”라고 말하고 있다.

인간은 열정을 가지고 시도부터 하는 삶을 살아야 한단다. 영웅 나폴레옹은 내 사전에는 불가능이 없다. 라는 말을 하고 있다. 나폴레옹을 영웅으로 만든 것은 무슨 일이든지 마음을 먹었으면 시도부터 하는 열정 때문이다.

세계 역사교과서에서도 나오지만 나폴레옹은 겨울에 유럽의 험악한 요새인 알프스 산을 넘어서 공격하는 일을 시도하였다. 겨울에 알프스를 넘는 열정과 시도의 정신이 영웅과 일반인을 구별하도록 하는 단순한 차이인 것이다.

결국 젊은이들은 일어나서 열정을 가지고 매사에 덤벼드는 용기가 필요하다고 본다.

나는 인생을 살아가면서 젊은이들에게 가장 필요한 것은 아무리 어려운 일에 부딪치더라도 용기를 잃지 않는 정신이 가장 필요하다고 생각 된다. 여기에 대해서 파브 정신과 샤브 정신에 대한 실화가 있다.

파브는 배에서 뛰어 내리는 정신이며 샤브는 아직까지 배에서 머뭇거리는 정신이다.

수십 년 전에 인도양 근처에서 영국 상선 한척이 난파되어서 배에 타고 있던 사람들이 모다 다 죽었다. 단지 두 사람 만이 다행히 구명보트에 실려서 목숨만을 부지하고 있었다. 두 사람은 조그만 보트에 실려서 파도에 떠밀려서 무인도에 도착하였다. 그런데 두 사람이 다른 정신과 사고를 가지고 있었다. 한사람은 파이팅 파브 정신이며 다른 사람은 샤브 정신 이었다.

한사람은 무인도에는 식인종과 독뱀이 우글거리기 때문에 배에서 떠나지 못하고 구조선을 기다리다 운이 좋으면 구조되고 운이 나빠서 구조되지 못하면 배에서 죽어 버리자는 정신이 샤브 정신이라고 한다.

식인종이나 독뱀에 물려 죽더라도 배에서 내려서 무인도로 돌진해 들어가자는 정신이 바로 파이팅 파브 정신이라고 한다.

샤브 정신을 가진 사람은 배안에서 겁이 나서 나오지 못하고 있다가 바닷물을 마시고는 더욱 더 갈증이 나고 배가 고파서 죽어 버렸다.

그러나 파이팅 파브 정신의 촌놈은 배에서 뛰어 내려서 바닷물이라 생각하고 한 모금 먹어보니 바로 그 바닷물은 바닷물이 아니라 무인도의 산에서 연결된 지하수 이었다. 결국 파브 정신의 사람은 그 지하수를 마시고서 또한 살길이 열려서 얼마 후에는 구조배에 의해서 구조 되었다는 실화는 바로 인간은 용기를 잃지 않고 끝까지 도전하는 파브 정신인 도전정신이 얼마나 중요하다는 것을 보여주고 있다.

9

참다운 행복

오래 동안 강의를 하면서 느낀 점은 학생들과 몇 분 간 만 대화를 나누어보면 그 학생이 허무주의적 사고를 가지고 있는지 아니면 그 학생이 행복감으로 충만 되어져 있는지를 대화를 통해서 알 수 있다.

그런데 요즈음 대부분의 젊은이들은 삶에 대해서 희망을 가지고 있기보다는 부정적인 시각으로 삶을 살아가고 있다.

오죽하면 학교에서 자살방지 상담 팀을 운영하면서 학생들이 자살을 하지 못하도록 상담을 하고 있을 지경에 이르고 있다.

사실상 오늘을 살아가는 젊은이들이들은 밝은 장래를 보장받고 있지를 못하고 있다. 비록 대학에서 열심히 공부를 하고 좋은 성적을 받고서 또한 글로벌 시대에 필요한 영어공부를 열심히 하여 토익과 토플성적이 우수하다고 하더라도 취업에 대한 보장을 받고 있지를 못하다.

더욱더 젊은이들을 힘들게 만드는 것은 취업의 경쟁에는 이겨서 취업을 하더라도 평생직장으로서 보장을 받지 못하고 있다. 신자유주의 시대라는 글로벌 시대에 노동시장과 금융시장의 자유주의로 인해서 언제든지 기업들은 구조조정의 칼날을 휘두르고 있다.

옛날에는 한번 취직한 직장은 평생직장으로 철밥통의 직장이 대부분이었다. 그러나 지금의 젊은이들은 평생직장이 아닌 평생 직업을 찾아서 나서야만 하는 실정이다.

여기에 한국은 IMF이후 비정규직이 8백 만 명에 이르는 실정이다. OECD 국가 중에서 가장 비정규직 비율이 높은 국가이다. 따라서 이러한 불행한 시대를 살아가는 젊은이들은 대부분 삶에 대해서 회의를 느끼고 있다. 여기에다 결혼을 한다고 하더라도 집을 구입하는데 부모의 재산을 물러 받지 않고서 그냥 월급만으로 내 집을 마련하는데 에는 거의 10여년의 세월동안 허리띠를 졸라야만 한다는 통계가 나왔다.

나는 기가 죽은 젊은이들에게 충고하고 싶은 말은 인류최고의 인생 상담가 데일 카네기의 말을 들려주고 싶다. 카네기는 실패보다 더 무서운 것은 좌절이다. 라고 말하고 있다.

바로 좌절이라는 단어이다. 인간이 용기를 잃어버리고 좌절을 하는 경우에는 한 인간의 인생은 끝이 나는 것이다. 사업을 하다가 한번 실패를 경험한 사람들 중에서 다시 재기를 하는 사람들은 모두가 좌절하지 않고 용기를 가지고 다시 일을 시작하였기 때문이다.

그러면 현재 어려움을 겪고 있는 젊은이들이 좌절하지 않고 행복하게 살기위해서는 어떠한 사고를 가져야만 하는가.

나는 이 문제에 대한 답을 제시하기 하기 위해서 진정한 행복이란 무엇인가에 대해서 미국 역사에 나오는 어느 재벌에 대한 이야기를 통해서 행복의 의미를 논하고자 한다.

이야기는 다음과 같다.

세계에서 가장 큰 집은 미국의 남동부의 애팔래치아 산맥이 있는 노스캐롤라이나 주의 애쉬빌에 있는 빌트모아 하우스이다. 이 집은 19세기말 남부의 철도 권을 장악하여 거부가 된 조지 벤더빌트가 지은 세계에서 가장 큰 저택이다. 개인집이라기보다는 웬만한 성보다도 크다.

이 집을 세운 조지 벤더벨트는 테네시강의 뱃사공 출신이다. 시골 강의뱃사공에서 당시 물건을 운송하는 유일한 수단이었던 미국 남부의 철도 권을 장악하면서 포드나 강철 왕 카네기 등과 함께 미국역사에 기록되는 거부가 되었다. 갑자기 부자가 되자 돈을 어디에다 사용할까 생각하다가 두 가지 용도에다 사용하기로 했다. 한곳에는 자신의 이름을 딴 세계적인 명문 대학인 테네시 내쉬빌에 있는 벤더빌트 대학이며 다른 곳에는 세계에서 가장 큰 집을 짓는 일이었다.

이집을 지어서 들어가 살면서 불과 5년 채 안 되어서 그의 가족들이 병이 들어 죽거나 아니면 이혼하거나 하는 등 불행을 맞고서 자신도 5년 만에 이름 모르는 병에 걸려 죽는다. 불과 5년 만에 그 집은 텅 빈 집이 되고 국가에서 관광지로 개발하여 관리하기 시작했다.

이 역사적인 사실을 통해서 우리가 알 수 있는 사실은 인생을 살아가면서 물질적으로 지나친 풍요로움은 인생에서 행복을 가져오는 것이 아니라 오히려 불행의 씨앗이 된다. 대부분의 사람들은 너무 많은 돈 때문에 결국 불행한 삶을 살아간다.

그러면 진정한 행복은 어디서 오는가.

행복을 측정하기 위해서 공리주의자 제미리 벤덤은 쾌락을 추구해서 그 쾌락의 질과 양을 가지고 행복의 기준으로 삼았다. 그러나 이것은 단지 겉모양의 행복에 불과하다.

수 천 년의 인류역사를 통해 인간은 과학과 기술의 혜택을 받지 않고 단지 자연에 의존하는 삶속에서 때로는 자연의 재해로 인해 물질적으로 굶주림 속에도 행복하게 살았던 것을 역사적으로 알 수 있다.

인간의 행복은 상대적이다. 독일의 철학자 쇼펜하우어는 행복은 자신에게 만족하는 자에게 찾아온다. 자신이 행복하다고 생각하면 행복하고 불행하다고 생각하면 불행한 것이다. 대부분 자신에 대해서 부정적인 생각을 하고 있는 사람들은 마음의 병과 불행을 동시에 가지고 있다.

로마 황제 마르쿠스 아우렐리우스는 행복하게 사는 것은 인간의 내면의 힘에 의한다. 가장 깊은 행복은 우리의 내면세계로부터 나온다. 라고 말하고 있다. 영국의소설가 조지 엘리엇은 그의 소설 다니엘 데론다에서 "행복의 원리는 인간의 선택에 있다." 라고 하였다.

종교는 자신의 마음을 다스리기 위해서 필요하다. 예수는 천국은 네 안에 있으며 네 마음의 천국을 찾으라고 했으며 석가 또한 가르침은 자신의 마음속에 있으며 마음속에서 깨달음을 찾으라고 했다.

자신의 내면세계로부터 행복을 찾아야 한다면 행복한 인생을 선택하는 능력이 중요하다. 그 능력은 긍정적인 사고로부터 나온다.

현실 속에서 발생한 일들을 긍정적으로 생각하고 자신이 희망하는 방향과 가까우며 그 방향으로 지속적으로 몰아가는데 도움이 된다고 생각하면 즐겁고 행복을 느끼게 된다. 현재 발생한 일이 자신의 미래에 고통을 가져온다는 부정적인 사고를 하면 불행한 것이다.

부정적인 사고는 또 다른 부정적인 사고를 초래하여 결과적으로 부정의 연속을 가져오게 된다.

나는 학교나 외부의 강연을 통해서 항상 강조하는 말은 인간은 존재자체가 시한부이다. 라는 말이다.

식물과 동물도 시한부이다. 식물의 한 종류인 봄에 피는 꽃은 한철동안 피어서 아름다움을 보이면서 스스로 행복을 즐기다가 시간이 되면 미련없이 시들면서 다음해에 다시 피어난다.

인간은 식물과는 다르지만 자신이 처해있는 환경에 만족해하면서 더 긍정적인 방향으로 생각해 나가면 되는 것이다. 이것은 꽃이 한창 아름다움을 자랑하다가 시들면서 다음해에는 더 아름다운 꽃을 피운다는 것과 같다.

인간은 긍정적인 사고를 하면 행복하게 된다. 자신에게 현재 닥친 어려운 일은 불행이 아니라 더 낳은 성공과 결실을 위한 전초전으로 생각을 하면 그 일은 불행이 아니라 행복을 낳는 씨앗이다.

행복하고 아름다운 삶을 살아가기 위해서는 자신의 내면에 가지고 있는 부정의 사고를 완전히 없애버리고 모든 것을 긍정적으로 생각하는 사고의 전환이 필요하다고 본다.

10

직장 뿌리 내리기

내가 만나는 제자들 중에서 상당수의 젊은이들이 한 직장에 뿌리를 내려서 정착하지 못하고 이 직장 저 직장으로 옮겨 다니는 경우를 많이 보아오고 있다. 수년 전에 내가 가장 아꼈던 제자중의 한 학생이 오래전에 대학을 졸업하고 중견기업에 취업을 해서 잘 다닌다는 소식을 그의 같은 학번 학생으로부터 간접적으로 들었다.

그런데 얼마 전에 시내의 길거리에서 그 학생을 만났는데 그 학생은 벌써 두 번씩이나 다른 직장으로 자리를 옮겼다는 것이다.

나는 그 제자가 능력이 있다는 칭찬을 하면서 다시 직장을 옮긴 이유를 물어 보았다. 그런데 그 제자는 다른 직장에서 스카우트 겸 더 나은 보수와 대우를 해준다는 조건으로 회사를 옮기게 되었다는 것이다.

나는 그 제자에게 사회에서 능력을 인정받기 때문에 회사를 옮기는 사실은 칭찬을 하지만 이번 직장에서 정년을 맞을 때까지 뿌리를 내리라고 충고를 하였다.

그러면서 나는 뿌리의 중요성을 강조하였다.

미국의 캘리포니아 지방에만 자라는 삼나무가 있다. 이 삼나무는 높이가 무려 30미터에서 50 미터로서 지구상에서 존재하는 식물 중에서 가장 키가 큰 나무이다. 그러면 이 삼나무가 왜 그리 높은 키를 가지고 있을까.

그 이유는 삼나무의 뿌리를 보면 나무의 뿌리가 밑으로만 깊이 파고들어가기 보다는 옆의 삼나무들과 뿌리가 서로 얽히고설켜서 아무리 바람이 불어도 흔들리지 않을 정도로 단단하게 나무뿌리 들이 서로 서로 얽히고설켜져 있기 때문이다.

또한 대나무의 경우를 생각해 볼 수 있다. 대나무는 줄기가 아주 가느다랗게 되어 있음에도 불구하고 왜 그토록 높이 올라갈 수 있을까?

그 원인은 바로 대나무의 올라가면서 만들어 내는 마다가 바로 뿌리의 역할을 하기 때문이다. 또한 대나무는 그 마디마디의 힘으로 인해서 높이 올라갈 수 가 있는 것이다.

나는 식물뿐만 아니라 인간이 크게 성공을 하기 위해서는 뿌리를 튼튼하게 내리는 일이 무엇보다도 중요하다고 강조하고 싶다.

요즈음 젊은이들이 가지고 있는 특성은 자기가 한번 몸담은 직장을 영원한 직장으로 생각하지 않고서 조금 이라도 자신에게 유리한 조건을 제시한 직장이 나타나면 금방 자리를 박차고서 다른 직장으로 옮겨 버린다. 이러한 현상은 어디서 나왔는가?

바로 서양국가들 중에서 미국인들이 가지고 있는 직장이라는 관념에서 유래되었다.

미국인들은 직장을 잡이라고 부른다. 잡이라는 말의 원래의 의미는 밥술을 뜬다는 말이다. 미국인들이 말하는 잡이란 밥술을 뜨기 위해서 나가는 곳이라는 의미이다. 그들은 직장을 단지 밥벌이를 위해서 출근하는 장소로서 정도 밖에 생각하지 않는다. 미국인들은 서부개척기를 통해서 떠돌아다니는 습관이 있기 때문에 직업에 대해서 귀천이 없고 직장은 단지 밥벌이를 위해서 필요한 장소로 생각하고 있다.

일본의 경우는 다르다. 그들은 직장을 자신의 뿌리와 동일시하고 있다. 일본들은 회사의 명예가 바로 자신의 명예와 동일시하고 있다. 가령 미스비시 종합상사에 다니는 회사원은 미스비시가 바로 명예를 포함해서 자신의 모든 뿌리라고 생각하고 회사를 위해서 평생을 헌신한다.

대부분의 일본의 직장인들은 다른 곳에서 아무리 좋은 보수와 대우의 조건을 제시한다고 하더라도 직장을 절대로 옮기지 않는다. 비록 자신이 현재의 직장에서 승진이 늦거나 보수가 낮다고 하더라도 현재의 직장에 충실하게 일을 하면서 살아간다.

현재 우리나라의 경우는 다르다. 대부분의 직장인들은 현재의 직장에서 자신의 경력을 쌓아서 다른 직장으로 몸값을 올려서 이직을 하려고 하는 경우가 허다하다.

조금이라도 나은 보수와 자리에 대한 제의가 들어오면 대부분의 젊은 직장인들은 스스럼없이 현재의 직장을 포기하고 다른 직장으로 옮겨 버린다. 식상의 신배나 후배의 의리에 대해서는 안면을 몰수해 버린다. 직장을 잘 옮기는 사람은 능력이 있는 사람이라고 직장인들 사이에 생각되어지고 있다.

우리나라도 과거에는 한번 직장에 들어가면 정년을 맞을 때까지 같은 직장에 있다가 퇴직을 하는 것을 당연한 것으로 여겼다. 직장 자주 옮기는 풍조는 IMF 이후에 사라진 평생직장이라는 의미도 무시할 수는 없다. 더욱 중요한 것은 물질에 너무 구속되어서 물질의 노예가 된 나머지 자신이 가지고 있는 뿌리를 상실해 가고 있는 현상이 근본적으로 나타나고 있기 때문이다.

일본이 천연자원을 비롯하여 가지고 있는 기본적인 조건은 매우열악하다. 일본인들은 악조건 속에서 미국 다음인 세계 제 2위의 경제대국으로서 자리를 지키고 있는 이유가 바로 애사심 을 바탕으로 한 뿌리를 내리고 있기 때문이다. 자기가 몸담고 있는 회사의 발전과 명예를 위해서 최선을 다하는 애사심을 가지고 있다. 이 애사심의 뿌리가 일본을 경제대국으로 만든 원동력이다.

우리가 현재와 미래의 발전을 위해서는 우리가 가지고 있는 뿌리를 유지해 나가는 일이 가장 중요하다. 뿌리를 잃어버리면 사회의 하부구조의 상실과 함께 상부구조도 상실하게 된다. 하부구조는 물질을 바탕으로 하는 경제적인 차원에서의 뿌리를 의미한다.

하부구조인 경제적인 차원에서 튼튼한 뿌리를 가지게 되면 자동적으로 상부구조인 문화와 전통 등은 잘 보존해 나갈 수가 있다. 우리에게 필요한 것은 처음에 가지고 있던 곳에서 뿌리를 내리는 일이다.

우리에게 잘 알려진 정지용의 시 향수를 생각해 볼 수 있다. 정지용의 시의 구절의 일부분을 보면

> 넓은들 동쪽 끝으로 옛이야기 지줄대는 실개천이 휘돌아 나가고/ 얼룩백이 황소가 해설피 금빛 게으른 울음을 우는 곳 / 그곳이 차마 꿈엔들 잊으리라

정지용의 시 향수가 국민적 시로 자리를 매김 하게 된 것은 인간은 누구나 자신의 뿌리를 찾아서 뿌리를 내리기를 원하고 있다.

직장도 가능하면 한 직장에서 그 직장을 위해서 최선을 다하는 애사심을 보이고 직장과 함께 생사를 같이 할 각오로 일을 하여야만 조직의 발전과 함께 자신의 발전을 초래하게 되는 것이다. 애사심은 결국 국가전체의 번영을 가져오게 된다.

직장을 이 회사 저회사로 옮겨 다니는 일은 젊은 시절에는 자신의 능력과 몸값을 높이기 위해서 부득이한 경우에는 가능하다. 자주 직장을 옮기다보면 자신의 뿌리가 없어지고 결국 떠돌이 신세로 전락하는 수가 허다하다. 몇 푼의 나은 대우를 위해서 떠돌아 다니다보면 얻는 것 보다 잃는 것이 훨씬 크다.

젊은 직장인들은 이 회사 저회사로 옮겨 다닐 것이 아니라 한 직장에 뿌리를 내리고 그 직장을 위해서 최선을 다하는 애사심을 보이는 정신으로 살아가야 하지 않을까 하는 생각이 든다.

11

수양산 그늘이 팔 십리와 아무것도 하지 않는 삶

학교에서 강의를 하면서 나는 학생들에게 학기 중이나 방학 때에 아르바이트를 하고 있는가라고 물어 본다.

그러면 대부분의 학생들이 내가 아르바이트를 하기를 원한다는 것을 의식해서인지 아니면 실지로 아르바이트를 하고 있는지는 모르지만 거의 10중 8-9는 아르바이트를 하고 있다고 말한다.

사실상 나는 학생들에게 무조건 아르바이트를 하라고 권고를 한다. 그 이유는 나이 20대에 부모에게 의존하는 사람치고 나중에 잘 뻗어 나가는 사람은 한 번 도 보지를 못했기 때문이다.

내가 미국에 유학을 하던 시절을 보면 공부를 마치고 나중에 사회에 나가서 가장 잘된 사람들은 대부분 혼자 힘으로 학비를 벌어서 공부를 하던 학생들이다.

그러고 잘못 된 사람들을 보면 한국에서 부모 돈으로 공부를 한 사람은 그렇게 발전적이지를 못한 사람으로 되었다. 그리고 가장 잘못 된 사람을 보면 장인이나 장모 덕으로 공부를 한 사람은 10중 8-9는 다 인생이 풀리지를 못했다.

내가 미국 유학생활등 여러 가지 경험을 통해서 느낀 점은 학창시절에는 반드시 혼자서 아르바이트를 해서 학비를 벌거나 아니면 부모의 부담을 덜어 주는 일도 중요하기는 하다.

그러나 아르바이트를 하므로 인해서 배울 수 있는 것은 인생 경험이다. 돈보다는 앞으로 사회가 어떻게 돌아가며 어떻게 하면 자신도 사회에서 성공을 할 수 있는지를 배우게 된다.

어느 학생이 나에게 반문을 하고 나섰다. 아르바이트 하려고 돈 몇 푼을 벌려다가 공부를 하지 않아서 학교에서 주는 장학금을 놓치는 수가 있기 때문에 자신은 아르바이트 하는 시간에 도서관에서 공부를 하겠다는 것이다.

나는 곧 바로 그 학생에게 아르바이트를 한다고 해서 공부할 시간을 놓치는 것이 아니다. 얼마든지 아르바이트를 하면서도 공부를 해서 장학금을 받을 수 있다. 라고 그 학생을 나무라 주곤 한다.

사실상 나는 젊은이들에게 아르바이트를 하라고 강조하는 것은 아르바이트로 고생을 해본 사람은 남의 고생을 알고서 남을 도와주는 인간이 되기 때문이다.

고생을 해보지 못한 사람은 남이 고생하는 것을 이해하지 못하기 때문에 절대로 남을 도와주지 않고 자기 것에만 집착하는 인간으로 변하게 되는 것이다.

나는 학교에서 수업을 하면서 학생들에게 장래가 가장 걱정스러운 사람은 바로 재벌가의 아들이 아니라 부모가 갑자기 부동산 투기나 주변의 땅값이 올라서 부자가 된 집안의 자식이라고 말한다.

사실상 재벌도 요즈음은 하루아침에 망해서 거지가 되는 경우가 허다하다.

그러나 속담에 부자 망해도 삼년은 간다는 말이 있다. 그러기 때문에 재벌 자식은 그나마 안심을 할 수 있다. 문제는 하루아침에 돈을 좀 모아서 그리 많지 않은 돈을 가진 졸부 집 아들들이 문제가 된다.

그들은 거의 대부분 부모로부터 물려받은 재산을 얼마가지 않아서 다 날려버리고 순식간에 거지로 내려앉는 경우가 비일비재하다.

따라서 내가 내리는 결론은 이리 저리 짓밟혀서 강하게 된 잔디가 되어야지 고이자란 금잔디가 되어서는 얼마 못가서 죽어 버린다는 결론을 내려 주곤 한다.

여기서 한국에서 가장 많이 사용하는 수양산 그늘이 강동 80리라는 말을 풀이해 보고자 한다.

수양산 그늘이 팔 십리를 간다. 라는 말이 있다. 수양산은 중국의 명신 백이와 숙제가 나라가 망한데 대해서 두 임금을 섬길 수 없다면서 수양산에 들어가서 고사리를 캐먹다가 굶어서 죽은 이야기로 유명하다. 조선 초의 명신 성삼문은 단종을 폐위시키려는 수양대군에게 반기를 들면서 수양산 이야기를 하고 있다.

수양산 그늘이 강동 팔 십리라는 말은 수양산의 경관으로 인해서 주변의 경치가 아름다움을 유지하고 있다는 것이다. 수양산의 그늘은 인간사회를 살아가는데 어느 큰 사람의 도움으로 인해서 주변의 많은 사람들이 덕을 본다는 것이다.

부모나 주변의 친척들의 도움으로 인해서 인간의 성공이 크게 도움을 받고 있다는 말이다. 가족중심으로 사회를 형성하고 있는 동양사회에서는 주변에 큰 인물이 나타나면 자기와 가까운 가족이나 친인척을 비롯하여 잘 아는 지인들에게 크게 도움을 주어서 그들의 도움으로 잘 먹고 잘 살아간다는 말을 의미한다.

팔이 안쪽으로 굽는다는 말이 있다. 인간은 누구나 자신의 혈육에 대해서 뻗어나갈 수 있도록 도와주고 싶어 한다. 부모는 자식이 성공할 수 있도록 간절하게 소망을 하고 자식을 위해서 헌신을 한다. 문제는 성공적인 인간이 되기 위해서는 수양산 그늘에 의존하는 사람은 성공을 하지 못한다는 것이다.

같은 종류의 화초를 두 개 사다가 한 화초의 화분에는 물을 지속적으로 주고 다른 화초에는 물을 이주일 동안 주지 않고서 이주일 후의 화초들을 보면 어떠한 현상이 나타날까.

물을 계속해서 꾸준히 주고 고이 가꾼 화초는 그냥 평범하게 자라나고 있다. 이 주일 동안 물을 주지 않은 화초는 뿌리가 물을 찾아서 깊숙하게 파고 내려가서 아주 강한 뿌리로 변해 있다. 물을 주지 않은 화초는 웬만큼 큰 가뭄에는 잘 살아난다. 반면 물을 지속적으로 주고 곱게 키운 화초는 가뭄이나 병충이나 바람 등에 대해서 저항력이 약해서 조금만 어렵게 되면 얼마 못가서 죽어 버린다.

인간도 마찬가지 이다. 부모의 그늘로 인해서 걱정 없이 자란 사람은 조금만 어려움이 부딪쳐도 견디어 내지를 못한다. 수양산 그늘이 뜻하는 참뜻은 인간이 훌륭한 사람의 그늘로 인해서 편안하게 잘 살아 나간다는 것을 의미한다.

인간세상은 희로애락의 수많은 변화 속에서 살아가고 있다. 이러한 변화는 때로는 강한 비바람과 소용돌이를 동반하고 있다. 인간 세상을 등진

성직자등을 제외하고는 누구나 다 폭풍우를 경험해야만 하는 운명에 노출되어져 있다. 부모의 도움으로 순풍에 돛을 단 인생은 강한 폭풍우와 거센 파도 속에서 살아남을 수 있는 지혜와 방법과 인내심이 없다. 처음부터 자기 스스로 인생을 개척해 나간 사람은 폭풍우와 거친 파도 속에서 살아남는 지혜를 터득해 낸다.

고이 가꾼 금잔디는 겨울 추위에 이기지 못하고 죽어 버린다. 그러나 막 밟고 짓이겨서 거칠게 내버려둔 잔디는 아무리 혹독한 추위에도 견디어 내고 자라난다. 인간도 마찬가지이다. 강한 부모의 그늘에서 자란 아들치고 부모만큼 강하게 된 사람은 드물다. 유명 인사들의 자손들은 그 부모의 그늘에서 묻혀서 크게 되지를 못한다. 인간은 자신이 도움을 주면 반드시 자신의 손아귀에 넣어두고서 벗어나게 하지 못하는 본능을 가지고 있다. 도움을 준 사람과 도움을 받은 자는 모두 그 울타리를 벗어나지 못하기 때문에 그 그늘로부터 벗어나서 크게 성장을 하지 못한다.

서양에서는 동양과 달리 부모나 친인척의 그늘이 크게 작용을 하지 않는다. 서양인들이 가지고 있는 개인주의 정신에서 비롯되기 때문이다. 한국을 비롯하여 중국 등 동양사회에서는 수양산 그늘이 강동 팔 십리라는 말을 크게 믿고 있다.

현대의 세계화 시대에는 수양산 그늘이라는 말은 사라져야 한다. 만일 부모나 친인척이 도움을 주려고 한다고 할지라도 그 도움을 받지 않고 스스로 자립해서 한 단계 한 단계 밟아 올라가는 정신이 필요한 시대이다. 이러한 시대적인 요구에 맞추어서 부모나 장인 장모 등 친인척의 도움이 아닌 스스로 문제를 해결하겠다는 정신자세부터 가져야 한다고 생각된다.

12

리더십은 왜 필요한가

나는 요즈음 젊은이들이 과연 리더십을 가지고 있는가에 대해서의 의구심을 가지고 질문을 던진다.

왜냐하면 회사를 비롯해서 많은 조직들이 신입사원 선발과정에서 다양한 심층면접을 통해서 리더십을 가지고 있는지 아닌지를 테스트하기 때문이다.

왜 이처럼 현대조직은 리더십을 강조하고 리더십이 있는 젊은이를 요구하고 있을까.

요즈음 어떤 대학에서 글로벌 리더십 학과가 있으며 웬만한 대학원 과정에서는 리더십 과목을 필수과목으로 정해놓고 있다.

나도 대기업부터 시작해서 중소기업의 직원들에게 리더십 과정을 온 라인이나 오프라인을 통해서 수년 동인 강의를 하였다.

대부분 기업에서 성공을 하는 사람들은 후천적인 노력에 의해서 훌륭한 리더십을 소유하고 있다.

리더십이 인간이 아닌 동물들에게도 중요하다는 사실을 예를 들어 볼 수 있다.

우리는 하늘에서 철새들이 이동하는 것을 쉽게 볼 수 있다. 그런데 그 철새들은 이동을 할 때는 반드시 앞에서 리더가 있으며 그 주변을 기억자를 만들어서 철새들이 이동을 한다. 만일 사냥꾼이 총으로 기역자 모양으로 그리면서 이동 중에 있는 철새 떼들 중에서 한 마리를 총으로 쏴서 떨어뜨려 버리면 그 철새 떼의 무리들은 과연 어떻게 되어 질까?

거의 대부분의 사람들은 사냥꾼이 쏜 총에 의해서 총에 맞은 그 새가 땅으로 떨어지는 순간 하늘을 무리를 지어서 날던 새떼들은 순식간에 흐트러져 버리고 각각 다른 곳으로 날아가 버린다고 생각 할 수 있다.

그러나 사실은 그 기역자를 그리면서 날아가던 철새들이 사냥꾼이 쏜 총에 의해서 새떼가 흐트러지는 것이 아니라 오히려 총에 맞아 떨어진 새의 자리를 메우기 위해서 뒤따라오던 새가 앞으로 다가가서 그 자리를 메워서 그 철새들은 그대로 행군을 계속해 나간다.

바로 이것이 철새들이 수천 리 먼 길을 갈 수 있는 리더십 정신인 것이다. 만일 이러한 정신이 없다면 그 철새들은 이미 이 세상에서 존재하지 못하고 사라졌을 것이다.

또한 예를 들면 수년전에 뉴스에 나온 사실은 고지대의 절벽에만 붙어서 사는 산양 떼들의 수백 마리가 절벽에서 뛰어 내려서 자살을 했다는 사실에 세계 뉴스에 나왔다.

그 원인을 조사해 본 결과 그 산양무리들 중에서 한 마리가 절벽에서 뛰어 내렸기 때문에 다른 산양들도 같이 뛰어 내려서 죽었다는 것이다.

TV를 통해서 아프리카 밀림지대에 사는 얼룩말을 비롯한 야생동물들이 다른 곳으로 이동 중에 강물을 건너야 할 곳에서 다들 주춤거릴 때 한 마리가 강물 속으로 뛰어들어서 강을 건너기를 시도하는 순간 다른 동물들도 강물 속으로 동시에 뛰어 들어가는 사실을 목격 할 수 있다.

이처럼 인간이 아닌 동물 세계에서도 리더십은 매우 중요하다.

나는 오래 동안 대학과 기업에서 강연을 하면서 인간에게 가장 필요한 것은 리더십이라는 것을 깊이 깨닫게 되었다. 또한 리더는 선천적으로 타고나는 것이 아니라 후천적인 노력에 의해서 길러진다는 것을 이해하게 되었다.

따라서 20대 젊은이들에게 가장 필요한 것은 리더십이라고 할 수 있다.

아리스토텔레스는 인간은 사회적 동물이기 때문에 절대로 혼자서 살 수가 없으며 죽는 날까지 사회생활을 하여야만 하는 운명을 타고 났다고 한다. 장자크 루소는 그의 고상한 야만인에서 인간은 자연 상태에서는 생존할 수 없기 때문에 인간의 근본은 정치로 시작해서 정치로 끝난다는 것이다. 루소가 말하는 정치란 통치술인 리더십을 말한다.

사회생활을 해나가기 위해서 사회생활에서 필요한 것이 리더십이다. 리더십이 인생에서 점차적으로 더욱 더 큰 비중을 차지하고 있다. 리더십이란 바로 인간관계를 바탕으로 하고 있다.

아리스토텔레스의 스승이자 소크라테스의 제자인 플라톤은 통치술을 예술중의 예술로 보고 있다. 플라톤은 그의 명저 공화국에서 통치술에 대해서 상당한 비중을 두고 있다. 플라톤은 최고의 통치자는 철인이어야 하는 철인통치 정치를 주장하고 있다. 철인은 덕이 곧 지식이다. 라는 덕을 바탕으로 한 통치를 하여야 하기 때문에 철인만이 훌륭한 리더십을 발휘할 수 있다는 것이다.

플라톤은 통치술을 철인이 대중들에게 하는 통치술, 장군이 부하 군인들을 통치하는 통치술, 선생이 학생들에게 하는 통치술, 종교인이 교인들에게 하는 통치술, 의사가 환자에게 하는 통치술, 목동이 양들에게 하는 통치술등 여러 종류의 통치술에 대해서 논하고 있다.

통치술은 대상에 따라서 다르게 발휘하여야 한다. 만약 철인이 군인들에게 통치술을 발휘하는 경우에는 군인들에 맞는 통치술을 발휘하여야 한다는 것이다. 철인이 군인들에게 일반대중들에게 맞는 통치술을 발휘하는 경우 그 통치술은 효력을 발휘하지 못한다는 것이다.

플라톤이 말하는 통치술은 조직의 특성에 맞는 리더십을 발휘하여야 하며 자신의 위치에 따라서 다른 통치술을 발휘하여야 통치술이 효력을 발휘할 수 있다는 것이다. 플라톤은 통치술을 인간을 통치하기 때문에 가장 힘든 예술이며 예술 중의 예술이라고 평가하고 있다.

플라톤은 통치술의 기본은 덕이 곧 지식이다 . 라는 덕을 바탕으로 하는 리더십을 발휘하여야 한다. 덕은 지혜와 용기와 절제와 정의를 말한다.

현대조직은 리더십을 필요로 한다. 리더는 아주 특별한 경우는 타고난다. 구약에 나오는 이스라엘 민족의 초대 왕으로 추대된 사울이나 다윗왕의 아들 솔로몬은 타고난 리더들 이었다. 이들의 리더십을 카리스마라고 한다. 카리스마는 솔로몬 왕이나 사울 왕과 같이 하늘에서 부여한 능력으로서 타고난 리더십을 가진 리더들을 말한다.

대부분의 사람들은 선천적으로 타고난 것이 아니라 후천적인 노력에 의해서 리더십이 만들어 진다. 대부분의 리더들은 자신의 노력에 의해서 리더십을 발휘한다. 훌륭한 리더는 플라톤이 말하는 것과 비교해서 지혜롭고 용기와 절제와 정의를 바탕으로 한 리더십을 공통적으로 요구하고 있다.

리더십의 기본은 결국 훌륭한 인간관계를 바탕으로 한다. 영국의 유명한 정치인 디즈레일리는 자신은 그들의 리더이므로 그들을 따라야만 한다는 말을 하고 있다. 리더이기 때문에 자신이 그들을 따라야만 한다는 지배자가 아닌 종으로서 섬기는 리더십의 중요성에 대해서 말하고 있다.

타고난 리더십에 대해서 최초로 카리스마라는 말을 사용한 막스 베버는 20세기의 카리스마는 색다른 생각과 아이디어로 조직을 이끌 수 있는 리더십을 말한다. 리더에게 필요로 하는 리더십은 열정과 용기와 비전이다. 라고 막스 베버는 리더십에 관한 정의를 내리고 있다.

현대의 막스 베버가 보는 리더십과 고대의 플라톤이 보는 리더십은 거의 일치하는 공통점을 가지고 있다.

그들이 주장하는 공통점은 열정과 용기와 비전이다. 플라톤은 그의 유명한 동굴 론에서 리더는 수천 길 깊고 캄캄한 동굴 속에 갇혀서 쇠사슬에 묶여져 있는 사람들을 위험을 무릅쓰고 내려가서 그들을 구해서 밝은 세상으로 인도해야만 하는 의무를 지니고 있다. 이것은 리더는 위험한 동굴로 뛰어 들어갈 수 있는 용기를 가지고 있어야 한다는 것이다.

다음으로 리더는 동굴 속에 갇혀서 절망에 빠져있는 사람들에게 밝은 세상으로 인도할 수 있는 비전을 제시할 수 있어야 한다는 것이다. 마지막으로 리더는 동굴 밖으로 나온 사람들에 비전을 제시함과 동시에 그들이 활발하게 활동할 수 있는 열정을 불어넣어야 하며 리더 자신이 열정을 가지고 있어야 한다는 것이다.

막스베버의 카리스마나 고대 플라톤의 통치술이나 현대의 사회가 요구하는 리더십과는 공통점을 가지고 있다.

현대인들이 조직에서나 사회에서 훌륭한 인간관계를 바탕으로 한 리더십을 발휘하기 위해서는 자신이 스스로 조직의 특성과 위치에 맞추어서 자신에게 적합한 리더십을 끊임없이 계발해 나가야만 하지 않나 하는 생각이 든다.

1960년대 미국사회에 가장 큰 영향력을 불러일으킨 사상은 프랑크프루트 학파인 허버트 마르쿠제의 일차원의 인간이 아닌가 싶다 . 일차원의 인간은 미국인들은 물질적으로 풍요로운 삶을 살아가지만 정신적으로는 황폐해서 아무런 희망이 없는 사회를 잘 묘사하고 있다.

마르쿠제의 사상은 마르크스와 헤겔 및 프로이드의 사상을 결합해서 만들어낸 네오마르크스주의 사상이다. 이차대전이후 미국인들은 전 세계 물자의 거의 반에 가까운 생산을 통해서 풍요로운 생활을 누릴 수가 있었다. 미국의 젊은이들은 풍요 속에서 정신적으로 방황하면서 삶에 대한 의욕을 잃어가고 있었다.

미국인들은 자본가의 딸이나 공장의 여직공이나 다 같은 고급 옷과 고급 화장품과 TV를 볼 수 있기 때문에 노동자들은 자본가들의 착취를 의식하지 못하고 그들의 노예가 되어가고 있다는 것이다.

낡고 병든 사회를 과거에는 노동자들이 중심이 되어서 혁명을 통해서 바로 잡아 나갈 수 있었다. 그 당시 미국사회의 노동자들은 물질주의에 익숙해져서 변화를 원하지 않으며 노동자들에 의해서는 사회의 변화를 추구해 나갈 수가 없다는 것이다.

미국의 국민들은 정신적으로 피폐해진 일차원적 인간으로 전락해 버렸다. 이제 이 사회의 변혁을 주도해 나가야 하는 사람들은 바로 학생을 포함한 소수의 지식인들이 노동자를 선동하여 사회의 변혁을 주도해 나가야만 한다. 마르쿠제의 이론은 60년대 미국의 캘리포니아의 버클리 대학을 중심으로 불었던 히피족의 바람과 월남전의 반대 시위로 미국의 대학생을 비롯한 전 미국인들에게 변화의 바람을 불어 넣었다.

현대의 디지털 혁명으로 인해서 전 세계는 새로운 변화의 바람을 요구하고 있다. 조직의 형태도 새로운 형태로 변화를 하고 있다. 기존에는 피라 밑 형에서 종 모양에 럭비공을 올려놓은 모양으로 변해가고 있다. 조직에서의 조직원들도 변화의 바람에 맞추어서 변화를 시도해 나가야 살아남을 수 있다.

변화는 조직에서 팀장인 리더를 중심으로 조직원 개개인이 변화의 바람을 주도해 나가야만 한다. 조직원 스스로가 변화를 할 때 조직 전체의 혁신의 바람을 불러오고 국가 전체의 혁신의 바람을 몰고 온다.

마르쿠제가 보는 변화를 거부하는 세력은 현대의 조직내부에도 항상 존재하기 마련이다. 변화를 거부하는 사람들은 대부분 조직에서 보수주의 사고를 가진 변화를 싫어하는 조직원들이다. 조직에서 변화를 주도해 나갈 수 있는 사람들은 마르쿠제가 말하는 것과 같이 소수의 엘리트집단을 말한다.

조직에서는 혁신적인 성향의 우수한 조직원들을 선발하여 그들로 하여금 변화의 바람을 일으켜서 조직의 변화를 추구해 나가야만 한다. 변화의 주도에 영향력을 행사할 수 있는 최고 관리자들을 포함하여 변화를 주도해 나가야 한다.

마르쿠제가 주장하는 변화는 바로 현대사회의 변화를 말한다. 조직으로 보면 현재의 조직은 마르쿠제가 말하는 엘리트와 고급관리자를 중심으로 변화를 거부하는 조직원들을 설득하여 조직전체의 변화를 추구해 나가야만 조직을 보다 발전적인 조직으로 변화되어 질 수가 있는 것이다.

13

실패는 왜 젊은이들에게 필요한가

나는 인생을 살아가면서 실패를 경험하지 못한 사람은 큰 인물이 되지 못한다는 생각을 가지게 되었다.

내가 중고등 학교에 다니던 시절에는 중학교 시험부터 시험을 쳐서 들어가는 시절이다. 따라서 중학교도 1차 중학교와 2차 중학교로 분류되어져 있었으며 고등학교와 대학교도 1차 전기고교와 후기 고교로 분류되어져 있었다.

지금의 입시제도는 대학교까지 전기와 후기로 분류되어 있지 않기 때문에 최근에 교육을 받는 젊은 사람들은 과거의 입시 제도를 이해하지 못할 것이다.

나도 학교에 다닐 때 중학교 시험부터 대학시험까지 모두 시험을 치르는 입시제도에 있었다. 그런데 나 역시 중학교 입시에서 전기중학교 입시에 실패를 하여 후기 중학교인 서울의 동성중학교를 다녔으며 고등학교 역시 후기 고교이면서 같은 학교인 동성고교에 입학하였다.

당시 내가 중학교와 고등학교에 1차로 서류를 낸 학교들은 공립학교이었다. 그래서 내가 입시에 실패를 하면서 나는 결론을 내리기를 나는 공립학교와는 인연이 없는 사람이다. 라는 극단적인 결론은 내린 적이 있었다.

그런데 그 당시 중학교부터 치르는 입시 시험에 한번 도 실패를 하지 않고 대학입시까지 1차 시험에만 붙은 사람들은 인생에서 실패를 모르기 때문에 실패를 경험한 사람들보다 인생에서 깊이가 부족한 듯 보였다.

따라서 그들은 학교입학시험이 아닌 본게임에서 실패하는 경우에는 일어나지 못하고 힘들어하는 것처럼 보였다.

그런데 중학교 입시부터 시작해서 한번 씩 실패한 사람들은 정작 중요한 사회생활에서 필요한 시험에서는 비록 실패를 한번 경험을 하였기 때문에 과거의 실패를 거울삼아 쉽게 일어서고 좌절을 하지 않는다.

인생 상담가 데일 카네기는 말한다. 인생에서 실패를 경험하지 못한 사람보다 더 불행한 사람은 없다고.

그런데 내가 학교의 학생뿐만 아니라 사회에서 만난 사람들 중에서 실패를 경험하지 못한 사람들은 확실히 보는 시야가 좁다는 것을 느꼈다.

내가 만난 어느 교수 한사람은 당시 입시제도가 있을 당시 가장 들어가기 힘들다는 K중학교에 운 좋게 합격하여 고등학교와 대학교도 쉽게 입학하여 실패란 것을 모르면서 인생을 살아 왔다.

그런데 나는 그에게서 남을 이해하지 못하는 성격의 소유자라는 사실을 발견하였다.

나는 그와 함께 연구소에서 연구문제로 여러 연구원들과 연구실에서 모여서 연구에 들어가기 전에 잡담을 하고 있었다.

그런데 그와 대화중에서 그는 무심코 사람이 어떻게 시험에 떨어질 수가 있으며 시험에 떨어지는 사람은 무언가 정신적으로 나약하거나 부족한 사람이라고 말하였다.

그 자리에서 나는 그 교수에게 나는 농담 삼아 여기서는 그런 말이 모든 연구원들이 이해해 주지만 다른 곳에 가서 그런 말을 했다가는 곤욕을 치를 것이다. 라는 말을 하였다.

나는 여기에서 실패를 경험해 보지 못한 사람들은 이런 면에서 좁은 인간으로 변하게 되는구나 하는 사실을 느낄 수 있었다.

그런데 문제는 실패를 한 사람이 용기를 가지고 다시 일어나지 않고 그 실패를 연속해서 실패만 하는 경우에는 결국 좌절의 나락으로 떨어져 버리는 경우에는 크게 문제가 되는 것이다. 실패를 여러 차례 경험하는 경우에는 더욱 더 강해지는 성격의 소유자가 되어야만 하지 나는 무슨 일이든지 하기만 하면 실패하는 복 없는 인간이라는 사실로 생각하는 사람이 되어서는 안 된다.

내가 시민대학에서 강의를 하면서 서울의 Y대의 의과대학 교수를 만나서 이야기를 나눈 적이 있다. 실제로 건장한 20대 청년에게 눈을 가리고 혈관을 통해서 당신의 피를 한 방울 씩 뽑아서 2시간 후에 당신은 죽을 것입니다 라고 말하고서 링거 주사를 놓으면 실제로 그 건장한 청년은 두 시간 후에는 죽는다는 사실을 실험을 통해서 입증 되었다는 말을 필자는 그 의과대학 교수를 통해서 들었다.

실제로 심리학에서 사용하는 피그말리온 효과라는 것이 있다. 피그말리온 효과는 그리스 신화에 나오는 어느 바닷가의 어부가 아름다운 여인상을 그려놓고 그 여인이 인간이 되도록 계속해서 기도를 한 결과 어느 날 그 여인의 몸에서 따뜻한 온기를 느껴서 찾아가 보니 그 여인이 실지로 살아있는 인간으로 변하더라는 것이다.

앞에서도 언급한 것처럼 20세기 인류 최고의 인생 상담 가 데일 카네기는 인류 역사에 남을 만큼 인생에 대해서 올바른 길로 가도록 상담을 해준 인류 역사에 남는 인물이다. 카네기의 명언 중에서 현재 삶에 대해서 고민을 하고 있는 젊은이들이 명심해야 할 명언이 있다.

바로 "실패보다 더 무서운 것은 좌절이다." 라는 말이다. 이 말은 실패를 하더라도 좌절을 하지 않고 끝까지 밀고 나가는 뚝심이 필요하다는 말이다.

부처나 예수와 같은 성인들은 인간은 태어나면서부터 문제 해결로 시작한다고 말하고 있다. 한 문제를 해결하고 나면 해결해야할 다른 문제가 또다시 나타난다는 말이다.

결국 인간은 태어나면서 문제해결에서 시작해서 죽는 날까지 문제해결로 끝나는 것이 인생이 아닌가 싶다.

카네기가 한 말인 실패보다 더 무서운 것은 좌절이다. 라는 말을 명심해서 비록 여러 가지 일 때문에 실망과 시련이 닥치더라도 절대로 낙담하거나 좌절하지 말고 더욱 더 강인한 정신을 가지도록 하여야 한다.

실패는 성공으로 가는 중간다리이자 징검다리이다. 성공하는 사람과 실패하는 사람의 차이점은 결국 마지막 1 퍼센트의 정신력의 차이에 불과하다고 어느 유명한 심리학자는 말하고 있다.

실패를 거듭하다 지쳐서 마지막 포기하기 직전이 바로 성공이 가장 가까이에 있는 지점인 것이다. 성공이 바로 눈앞에 다가와 있는데 대부분의 사람들은 자신의 한계라고 생각하고 포기를 해버린다.

그러니 실패를 하더라도 낙담하지 말고 끝까지 마지막 1 퍼센트까지 최선을 다해서 취업에 필요한 서류를 제출하는 정신력이 필요하다. 인생 상담 가 데일 카네기가 한 다른 명언 한 구절을 다시 알려주고 싶구나.

카네기는 "인생에서 실패를 경험하지 못한 인생보다 더 불행한 인생은 없다." 라고 말하고 있다.

카네기가 보기에는 훌륭한 인간이 되기 위해서는 실패를 반드시 경험해 보아야만 한다는 생각이다. 사실상 한 번도 실패를 하지 않고 승승장구를 하는 사람들의 공통적인 특징은 세상물정을 모르는 사람이 되어버린다는 것이다.

실패를 경험하지 못한 사람들이 갖는 공통적인 특성은 오만과 편견으로 가득 찬 마음씨의 소유자들이 대부분이다.

카네기의 말과 같이 실패를 경험하지 못한 사람들은 주변 사람을 도와주지 않거나 그들의 마음을 이해하지 못하는 경우가 허다하다. 특히 그들이 소유하는 공통적인 특성은 겸손함이 없다는 것이다.

실패를 경험하지 못한 사람들이 가지고 있는 겸손한 마음이 없는 인간은 진짜 인생의 가장 중요한 본게임에서는 실패를 하게 되는 것이다. 인간은 불완전한 존재이다.

따라서 인생에서 진짜 본 게임에서 성공을 위해서는 현재 실패를 하나의 큰 교훈으로 생각하여야 한다.

취업이 쉽게 되어서 실패를 경험하지 못한 사람들은 틀림없이 진짜 본 게임에서는 실패를 할 것이다. 그러니 실패를 미리 경험하고 미리 많은 시련을 겪은 사람은 반드시 나중에는 고생을 덜 할 것이다.

실패를 많이 하여 그 실패를 경험삼아 크게 성공한 인물로 미국의 유명한 정치인이자 대통령인 링컨의 실패경험을 들 수 있다.

인류의 역사를 통해서 가장 밑바닥에서 태어나서 가장 성공한 인물을 꼽으라고 하면 미국의 16대 대통령 아브라함 링컨이다.

링컨의 실패와 도전을 통해서 우리는 두 가지의 인간형을 생각할 수 있다.

실패를 하면 자신이 갈수록 위축되어지는 형과 그 반대의 인간형이다. 대부분의 사람들은 실패를 하면 위축되어져서 점차적으로 자신의 인생의 설계를 작은 방향으로 좁혀나간다. 더욱이 많은 사람들은 실패를 하는 경우에 실망과 좌절한 나머지 자신이 추구한 목표를 포기해 버리는 경우가 허다하다.

링컨은 그 반대의 인간형이다. 그는 미국 켄터키와 테네시의 경계지역인 애팔레치아 산맥의 첩첩산중에서 태어났다. 그는 계모의 결손 가정에서 교육도 제대로 못 받았다.

링컨은 당시 흑인이라는 이유로 노예로 취급 받던 사회제도를 변화시키기 위해 정치계에 발을 디디기로 계획을 세웠다. 우선 지방의원부터 한단계식 밟아 올라가기로 결심한 그는 주 하원의원에 첫 번째 도전을 하였다. 그러나 첫 번째 그의 희망은 좌절되고 말았다. 거의 모든 사람들은 제일 기초의원에 실패를 하면 다음선거에는 한 단계 낮추거나 꿈을 접어버리는 경우가 대부분이다.

그러나 링컨의 경우는 달랐다. 그가 주 하원에 실패하자 이번에는 주 상원으로 한 단계 올려서 출마를 하였다. 마침내 그는 당선이 되었다. 그 후 그는 주 상원의 재선에서 낙선을 하였다. 그러자 이번에는 링컨은 한 단계를 올려서 연방 상원의원에 도전을 하였다. 그러나 링컨의 꿈은 좌절되고 말았다. 그러자 이번에는 링컨은 또 한 단계 높여서 대통령에 출마를 결심하고 출사표를 던졌다. 마침내 링컨은 대통령에 당선되어서 그가 바라던 노예해방을 남북전쟁을 통해서 실현하였다.

미국 역사를 통해서 가장 위대한 대통령을 꼽으라면 미국을 독립시킨 전쟁영웅이자 초대 대통령인 조지 워싱턴과 남북전쟁을 일으켜 노예들을 해방시킨 링컨 대통령을 들고 있다.

미국인들은 조지 워싱턴을 구약에 나오는 탈 애급을 했던 모세에 비유하고 있다. 반면에 링컨 대통령은 노예를 해방시키고 자신은 암살을 당했기 때문에 예수에 비유하고 있다. 현재 링컨에 대한 국민들의 존경심은 더해가고 있다. 링컨의 게티즈버그 연설은 미국 역사상 가장 유명한 연설로 역사에 기록되고 있다.

우리가 링컨의 좌절과 도전정신에 대해서 한번 생각해 볼 필요가 있다. 만일 링컨이 도전정신이 없었더라면 그는 자신의 꿈을 포기했거나 아니면 동네의 구의원이나 기껏해야 시의원 정도로 끝이 났을 것이다. 실패에 좌절하지 않고 한단계식 높여나가는 정신은 결국 자신을 인류의 위대한 대통령을 만들 수 있었다.

20세기 인류 최고의 인생 상담가인 데일 카네기는 실패는 성공의 지름길이지만 좌절보다 더 나쁜 것은 없다고 말하고 있다. 실패를 하면 할수록 인생에서 경험이 쌓여서 성공으로 가는 지름길이 된다. 앞에서도 이미 수차례 강조를 하였지만 카네기는 인생에서 실패를 경험하지 못한 사람보다 더 불행한 사람은 없다. 라고 하고 있다.

인생을 살아가면서 누구나 실패를 경험하게 마련이다. 그러나 사람마다 그 실패를 어떻게 받아 들이냐에 따라서 인생은 달라진다. 실패를 좋은 경험과 거울로 삼아서 더욱 더 큰 희망으로 도전을 하는 사람은 결국 자신이 목표로 삼았던 꿈을 성공시킬 수 있을 것이다.

복잡한 삶을 살아가는 현대의 젊은이들에게 링컨의 실패와 도전을 다시 한 번 생각하면서 자신의 실패를 좌절이 아닌 도전으로 극복해 나가는 삶을 생각해 보면 어떤지는 자신에게 달려있다.

14

취업에 성공하는 삶의 습관

요즈음 젊은이들이 취업 병에 시달리고 있다. 취업을 위해서 수년 동안 재수를 하는 젊은이 있는가 하면 취업이 되지 못해서 고민 속에 빠져 있는 학생들을 많이 볼 수 있다.

나는 취업문제로 나에게 상담을 하는 학생들에게 권하는 말은 그 회사가 요구하는 형에 맞추어서 준비를 하여야만 한다. 라고 말한다. 그 이유는 아무리 실력이 있고 뛰어난 인재라고 할지라도 그 회사가 요구하는 인재가 아니면 그 회사에 응시를 하여도 받아주지를 않는다. 취업에 성공하기 위해서는 자신이 입사하고자 하는 회사의 기업문화를 비롯하여 성향을 잘 파악하여야 한다.

나는 입사를 위해서 스티븐 코비와 한국을 대표하는 기업인 삼성과 현대 및 세계 최고의 다국적 기업인 미국 GE사가 요구하는 신입사원의 기준에 대해서 설명하면 어느 정도 도움이 되리라고 생각하여 설명을 조금 하고자 한다.

내가 학교에서 학생들을 가르치면서 들은 이야기로는 십여 년 전부터 한국의 전 대학들이 신입생 학생들이 입학하면 교양서적으로 무조건 사서 보도록 학교에서 요구하는 책은 바로 성공하는 사람들의 7가지 습관이라는 책이다.

나는 학생들이 무조건 사서 보도록 하는 그 유명한 책인 7가지 습관의 책의 내용에 대해서 관심을 가지고서 몇 번을 읽고서 과연 그 책이 젊은 이들에게 도움이 된다는 사실을 알았다.

인류 역사상 성경을 제외하고 가장 많이 팔린 책이 바로 코비의 7가지 습관이다.

스티븐 코비하면 바로 성공하는 사람들의 7가지 습관으로 이천만권 이상이 판매된 베스트셀러의 작가로 잘 알려져 있다.

내가 리더십 학회에 이사로 관여를 하면서 더욱 더 코비의 7가지 습관이 왜 베스트셀러가 되었는지에 대해서 관심을 가지기 시작하였다.

십 여 년 전에 미국 유타 주의 모르몬교 계통의 한 대학 교수인 스티븐 코비의 저서 "성공하는 사람들의 일곱 가지 습관"이 전 세계의 젊은이들에게 바이블이 되어 버렸다. 스티븐 코비의 성공하는 사람들의 일곱 가지 습관은 다 설명할 수가 없기 때문에 일곱 가지의 주제만 이야기 하면.

우선 코비의 일곱 가지 습관은

1. 주도적이 되라 (책임감과 능동적인 사람)
2. 목표를 먼저 세우고 행동하라 (인생을 포함해서 세운 계획들이 어떻게 전개될지 이미지를 발전 시켜라)
3. 중요한 것부터 먼저 하라. (장래의 더 큰 기쁨을 위해서 오늘의 기쁨을 미룰 수 있도록 훈련하라)
4. 윈-윈 전략을 추구하라 (나도 이기고 남도 이기는 전략을 세우라)

5. 남의 말을 먼저 듣고 이해 한 후 그 다음에 남을 이해 시켜라.
(말을 적게 하고 더 많이 들어라)

6. 시너지를 활용하라 (전체는 부분의 힘보다 크다)

7. 심신을 단련하라 (육체적, 정신적, 감정적, 영적인 면을 단련하라)

코비의 성공하는 사람들의 습관 중에서 취업에 성공하기 위해서는 이 일곱 가지를 모두 다 이해하고 적용하여야 하기는 하지만 그중에서 1, 2, 3 번이 좀 더 취업문제와 관련성이 있다.

코비의 1 번 문제는 주도적이 되라는 습관은 취업을 희망하는 분야와 회사에 자신이 먼저 뛰어 다녀야 한다는 것을 의미한다.

속담에 목마른 사람이 먼저 샘을 판다라는 말이 있듯이 취업을 위해서 자신이 몰입을 해서 뛰어 다녀야 한 직장이 얻어 걸린다. 주도적이 되지 못하는 경우 다른 사람에게 자리를 양보하고 자신은 항상 뒷전에만 있게 된다.

다음에 코비의 목표를 먼저 세우고 행동을 하여야 한다는 말은 어떻게 될지를 미리 목표를 세우고 나서 이미지를 발전 시켜 나가야 한다는 말이다. 따라서 목표가 분명하지 않으면 성공을 하는데 지름길로 가지 못하고 돌아서 가게 된다는 것이다. 분명하게 인생의 성공목표를 세우고 또한 취업목표를 구체적으로 세워 놓고서 그 목표를 향해서 이미지를 발전 시켜 나갈 때 취업으로 가는 지름길을 찾을 수가 있다는 말이다.

코비의 3번인 중요한 것부터 하라 즉 장래의 더 큰 기쁨을 위해서 오늘의 기쁨을 미룰 수 있도록 하라는 말은 취업과 관련이 있다.

항상 매일 매일 일의 우선순위를 매겨서 중요한 일부터 처리하는 습관 역시 필요하단다. 대부분의 사람들은 쉬운 일부터 처리하고 어렵고 중요한 일은 뒤로 미루어 버리는 경향이 강하다.

삼성이 세계적인 기업이자 한국을 대표하는 기업으로 현재 자리를 굳히고 있는 이면에는 고 이병철 회장의 경영철학과 신입사원들을 채용하는데 엄격한 기준을 두고 있다. 삼성그룹은 현재까지도 이병철 회장의 경영철학을 연구하여 경영의 기본 방침으로 삼고 있다.

이 병철 회장의 신입사원을 보는 관점은

1. 책임을 질 줄 아는 사람.
2. 추진력이 있는 사람.
3. 분명한 판단력이 있는 사람.
4. 창조력이 풍부한 사람.
5. 신망을 받는 사람.
6. 탁월한 지도력을 가진 사람.
7. 덕망을 갖춘 훌륭한 인격자.

이병철 회장은 책임감, 추진력, 판단력, 창조력, 지도력, 덕망 등을 보고서 신입사원을 채용하였다.

글로벌 시대에 외국의 다국적 기업들의 사원을 채용하는 기준을 설명할 필요가 있다.

지금은 수년전에 은퇴를 한 GE사의 회장인 잭 웰치의 직원들의 채용기준을 한 번 생각해 볼 필요가 있다. 잭 웰치는 경영의 귀재이었다. 그는 80 년대 쓰러져가는 GE 사를 인수하여 불과 수년 만에 세계에서 두 번째로 큰 다국적 기업으로 만들어 내었다.

그는 수차례에 걸쳐서 대대적인 구조조정을 통해서 대 그룹의 조직을 탄탄하게 만들어 나갔단다.

웰치가 사원들을 평가하는 기준을 보면

1. 열정
   (스스로 열정을 가지고 있어야 하며 그 열정을 남에게 불어 넣을 수 있는 능력)
2. 결단력
3. 추진력
4. 창의력
5. 프레젠테이션 (파워포인트 사용 못하게 함)
6. IQ (지능), EQ (감정을 다스리는 능력), SQ (창의성)
7. 신뢰성

잭 웰치는 열정을 가장 중요시 한 기업인 이었다. 그는 스스로 열정적인 경영인 이었다. 매사에 한번 몰입하면 지칠 줄 모르는 열정으로 업무를 추진해 나갔다. 그는 많은 사람들이 두려워하는 구조조정을 하는 결단력을 보였다. 잭 웰치는 직원들의 창의력을 중요시 하였다.

웰치는 다른 대기업의 경영인들과는 달리 그는 프레젠테이션을 중요시 하였다. 직원들을 평가하는데 있어서 그는 프레젠테이션을 가장 중요시 여겼다. 웰치 역시 스스로 프레젠테이션의 귀재이었다.

웰치는 수시로 애널리스트들을 모아 놓고서 자신의 기업에 대한 프레젠테이션을 하였다. 웰치가 프레젠테이션을 할 때 마다 기업의 주가는 하늘을 치닫듯이 상승하였다.

웰치는 자신과 같은 기업인을 원하였다.

신입사원을 뽑는 기준도 자신과 비슷한 스타일의 사람을 원하였다. 아이큐와 이큐 및 에스 큐도 높은 사람이어야만 자신의 기업에서 간부로서 성공을 할 수 있다고 못을 박았다.

기업에 피해를 주는 조직원에 대해서는 지위 고하를 막론하고 가차 없이 퇴출시키는 결단력도 필요로 하였다.

잭 웰치가 기준으로 삼은 사원이 되는 조건은 바로 현대 글로벌 시대에 취업을 희망하는 모든 사람들이 모델로 삼아야 한다.

이병철 회장과 스티븐 코비와 정주영 회장과 잭 웰치가 자신의 회사원들을 채용하는 과정에서 어떤 인물들을 원하는지를 보면 회사에서 요구하는 인물의 공통적인 모델을 만들 수가 있다.

한국을 대표하는 삼성그룹이나 세계를 대표하는 잭 웰치가 은퇴하기 전에 있었던 GE 사가 요구하는 사원들의 모델을 연구 분석하여 그 모델에 맞도록 취업준비를 하면 상당히 큰 도움이 된다.

얼마 전 웰치가 은퇴하기 전에 웰치의 20년 동안 스피치 라이터로서 활동한 사람이 웰치가 동양인들이 CEO 즉 최고 경영층에 올라가지 못하는 원인을 자신이 주어진 일에만 소극적으로 잘하고 열정과 적극적인 마인드가 약하기 때문이라고 하였다.

코비의 일곱 가지 습관에서 가장 주요시 여기는 주도적인 사람이 되라는 말을 명심하여야 한다.

항상 직장을 잡기 위해서 다른 사람들에게 정보를 묻고 동시에 또한 인터넷 사이트에서 잡 코리아 등 많은 잡 사이트를 수시로 검색하고 총무팀이나 인사팀의 담당자와 직접 통화를 하는 등 남보다 좀 더 부지런을 떠는 사람이 되어야 한다.

취업의 문턱이 갈수록 높아져 가며 모든 사람들이 채용공고가 난 회사에 동시에 몰려서 다니면서 경쟁이 더욱 더 치열해 진다.

치열한 경쟁을 피해 나가기 위해서는 블루오션 전략을 세워서 취업에 도전하여야 한다. 머리를 쓰지 않고 단순하게 주먹구구식으로 취업 계 이력서만 들고 뛰어다닌다고 취업을 쉽게 하는 것이 아니다.

요즈음 사회에서 가장 많이 사용하는 말이 블루오션과 레드오션 이라는 말이다.

블루오션이란 망망대해의 푸른바다를 거침없이 해쳐나간다는 말이다. 반면에 레드오션은 붉은 피바다에 노를 저어 나간다는 것을 의미 한다.

블루오션은 시장에서 신상품을 최초로 개발하여 아무런 경쟁자가 없이 무난히 일등의 자리를 석권한다는 말이다. 반면에 레드오션은 시장에서 기존에 있던 상품들과의 치열한 경쟁을 통해서 피투성이의 상처를 입고서 일등의 자리를 겨우 차지하는 것을 말한다.

블루오션 전략은 남이 입사원서를 내지 않는 직장에 자신이 서류를 낸다는 전략이다. 대부분의 취업 희망자들은 우선 조건이 좋아 보이고 나아 보이는 직장에만 몰려서 치열하게 경쟁을 벌리고 있단다. 이것을 레드오션 전략에 해당된다.

현재 당장 눈에 좋아 보이는 직장에만 관심이 있고 미래에 장래성이 있는 직장에 대해서는 소홀히 하는 경향이 있다.

대부분의 취업자들과는 다른 전략을 세우는 것이 바로 블루오션 전략이다.

제 2 차 산업인 제조업에서 3차 산업인 서비스업을 넘어서 4차 5차 산업인 새로운 사업을 하는 직장에 대해서는 사람들이 소홀히 하고 이력서를 제출하기를 선호하지를 않는 경향이 있다.

사람들이 당장 기피하는 직장 중에서 장래가 유망해 보이는 직장에 입사서류를 내는 것이 바로 블루오션 전략이다.

블루오션 전략으로 취업문을 두드려서 입사를 하는 경우에는 몇 년 후에는 사람들이 틀림없이 그 회사에 입사하려고 치열한 경쟁을 벌릴 것이다. 남들보다 미리 입사를 해서 기반을 튼튼히 닦아 놓고서 남이 신입사원으로 입사를 하려고 몰려올 때 자신은 관리자로서 성공을 하게 되는 것이다.

취업시험도 하나의 중요한 전략이라고 보면 된다. 남과 똑같은 길로 남과 같이 이리 몰리고 저리 몰려다니면서 이력서를 제출하는 경우에는 취업에 성공하기가 힘이 들며 남이 가지 않는 길을 택해서 새로운 길로 가는 방법이 취업을 성공을 위해서 필요한 방법이라는 생각이 든다.

현대는 주변 환경이 빛의 속도로 변화되어지고 있다. 이렇게 어지러울 정도의 속도로 변화를 거듭해 나가고 있기 때문에 스스로 주변의 변화에 맞추어 나가야만 취업에 성공을 할 수 있다. 만일 주변의 변화를 의식하지 못하는 사고를 바탕으로 하여 취업준비를 한다면 실패의 구렁텅이에서 헤어나지를 못하게 된다.

옛날에는 공무원 시험이나 입사시험을 위해서 절간이나 산속으로 들어가서 공부를 하였다. 닭소리나 개소리 등 인근 마을 사람들의 소리가 들리지 않는 조용한 산속에서 공부를 하여야 된다고 생각했었다.

그러나 지금도 그런 방법을 택한다면 분명히 취업시험에 실패를 거듭하게 될 것이다.

지금은 정보화 시대이다. 따라서 주변에서 가능하면 많은 정보들을 입수하여 그 정보들을 토대로 취업준비를 하여야 한다.

15

소외와 열등감에서 벗어나는 심리학

요즈음 학교나 사회에서 만나는 젊은이들을 보면 상당수의 사람들이 소외감과 열등감을 가지고 있다는 사실을 알 수 있다. 현대의 대다수 젊은이들이 열등감과 소외감에 사로잡혀 있다는 사실에 대해서 한번 이야기를 나누고 싶어서 이 지면을 통해서 설명 하고자 한다.

인간은 누구나 다 열등감과 소외감을 가지고 있다. 세계적인 영웅들도 모두 열등감을 가지고 있었다. 영웅 나폴레옹의 경우는 키에 대한 열등감을 가지고 있었다. 오죽하면 나폴레옹은 자신의 키를 5센티만 키워주는 사람에게 유럽의 반을 주겠다고 말을 할 정도이었다.

열등감과 마찬가지로 인간은 누구나 다 소외감을 가지고 있다. 그런데 문제는 소외감으로 인해서 인간관계에서 갈등현상을 초래하게 된다. 인간관계에서 갈등현상이 발생하는 경우에는 큰 문제가 생기기 때문이다. 따라서 소외현상은 왜 생기며 해결하는 방법을 알아야만 한다. 열등감 역시 마찬가지 이다. 열등감으로 인해서 젊은이들을 사람을 기피하거나 사회생활을 원만하게 하지 못하는 경우가 있기 때문에 문제를 해결하여야만 한다.

프랑스 혁명에 가장 큰 영향을 준 프랑스의 대사상가 장자크 루소는 그의 사회계약론에서 인간은 누구나 태어나면서부터 쇠사슬에 묶여서 사회생활을 하지 않으면 안 돼는 운명을 가지고 태어났다. 따라서 인간은 자연 상태에서는 살수 없는 운명을 타고났기 때문에 사회계약을 하지 않을 수 없다는 사회계약론의 이론적인 근거를 제시하고 있다.

루소의 말과 같이 인간은 태어나면서부터 사회생활을 하지 않을 수 없다. 사회생활의 바탕을 형성하고 있는 것이 바로 인간관계인 것이다. 루소의 말과 같이 인간은 태어나면서 어머니와의 관계로부터 인간관계를 시작해서 죽는 순간까지 인간관계를 유지해 나가다가 죽음을 맞이하게 된다.

인간관계에 의해서 인간은 사회적으로 성공적인 삶을 살수도 있으며 그 반대로 불행한 삶을 살아갈 수도 있는 것이다. 인간관계는 자신이 몸담고 있는 조직으로부터 시작해서 가장 가까운 가족관계에까지 모두 포함된다.

대부분 사회적으로 성공한 사람들은 만인들의 도움이 없이는 큰일을 해내지를 못한다. 국가의 중요한 정치인이나 대기업의 사장을 비롯하여 중요한 위치는 다른 사람들로부터 추앙을 받아서 올라가게 된다.

성녀 마리아 테레사 수녀로부디 시작해서 철학자 칸트에 이르기 까지 그들이 이루어 놓은 업적보다는 그들이 주변사람들과 훌륭한 인간관계를 만들어 놓았기 때문에 그만큼 성공을 한 것이다.

최근 철 밥통이라 불리던 공무원 사회에서까지 무능 공무원 퇴출바람이 불고 있다. 공직사회에서 퇴출 1순위에 올라있는 사람들을 보면 인간관계가 원만하지 못한 사람들이다.

퇴출되는 공무원들 가운데서 상당수는 도덕성이나 업무 능력 및 책임감에도 문제가 있기는 하지만 그보다는 그들이 만들어놓은 인간관계에서 실패한 경우가 대부분이다.

인간과 인간 사이에서 발생하는 가장 큰 문제는 갈등현상이다. 갈등현상은 인간소외 현상과 밀접한 관련을 가지고 있다. 특히 현대인들은 소외현상을 더욱 더 많이 느끼고 있다. 사회학자인 데이비 리즈만은 그의 저서 고독한 군중에서 현대인은 많은 대중 속에서 고독과 소외감을 느끼고 있다는 것이다.

직장에서 자신이 소외되어져가고 있다고 생각하면서 동료나 상사와의 갈등을 초래하여 결국 조직에서 물러나게 하는 원인은 어디에서 오는가.

인간소외 현상에 대해서는 고전 철학자인 칼 마르크스와 그람쉬, 루카스, 고르쉬 등 정통 마르크스 학파의 사상을 토대로 이해할 수 있다.

정통 마르크스학파에 의하면 인간소외현상을 세 가지 원인에 두고 있다.

우선은 자신의 동료인 친구로부터 소외현상이 생기게 된다. 인간은 가까워지면 질수록 친근감이 생기는 반면에 친구와 비교하는 습성이 무의식적으로 잠재하게 된다. 남의 떡이 더 커 보인다는 속담이 있다. 친구가 일을 더 잘하고 두각을 드러내는 것처럼 느끼게 된다. 친구와의 비교는 조직에서 자신이 스스로 무능력한 사람이라는 것을 느끼게 한다. 이러한 상대적 비교는 자신과 친구와의 갈등을 초래하게 된다.

다음으로 마르크스의 이론은 자신이 하는 일로 부터 인간은 소외감을 느끼게 된다는 것이다. 조직에서 매일 매일 똑같은 일을 반복하면서 인간은 자신이 하는 일에 대해서 가치성을 잃어가게 된다. 그와 비례해서 자신이 하는 일로부터 소외감을 느끼게 된다.

매일 똑같은 일의 연속과 반복은 인간 스스로가 일로부터 싫증을 느끼면서 동시에 일에 대한 소외현상이 생기게 된다. 동시에 동료들의 일이 더욱 더 가치 있는 일로 생각되어지면서 조직에서 갈등을 빚게 된다.

세 번째로 인간은 주변 환경에 대해서 소외감을 느끼게 된다. 현대의 기술과 과학의 급속한 발달은 급속한 주변 환경의 변화를 초래하게 된다. 인간은 이러한 신속한 변화에 대응해 나가는 과정에서 소외감을 느끼게 된다.

수작업에서 기계작업으로 변화되어 적응하는 순간 컴퓨터 작업으로 변화되는 주변 환경에 자신은 컴퓨터 지식을 얻어서 적응해야하는 어려움에 처하게 되면서 소외감을 느끼게 된다. 또한 수십 층의 현대식 엘리베이터 문 앞에서 서있으면 거대한 빌딩에 비해 스스로가 보잘 것 없다는 소외감을 느끼게 된다. 이러한 주변 환경의 변화에 대한 소외감은 조직에서 갈등현상을 초래하게 된다.

이상의 인간소외 현상이론을 보면 현대인은 누구나 공통적으로 소외감을 느끼면서 살아가고 있다. 그 소외를 어떻게 적응해서 스스로가 소외감으로부터 해방되어서 훌륭한 인간관계를 유지해 나가야 하는가가 중요하다.

동료와의 관계는 상호존중을 바탕으로 하여야한다. 매일 대하는 동료 일수록 좋은 매너를 가지고 대해야 한다. 다음으로 자신이 하는 일에 대해서는 항상 창조적인 마인드로 새로운 시각에서 새로운 방향으로 접근을 시도하여야 한다. 같은 업무라도 매일매일 다른 업무라는 생각을 갖고서 일을 하도록 하여야 한다.

주변 환경의 변화에 대해서 민감하게 주변의 트렌드를 신속하게 읽으려고 노력하여 다른 사람보다 한발 앞선 미래지향적인 창안을 항상 하도록 노력하여야 한다.

이러한 생활을 추구해 나갈 때 현대인들은 소외감으로부터 해방되어 자유롭고 성공적인 삶을 살아갈 수 있지 않을까 생각된다.

취업 때문에 열등감에 사로잡혀서 내가 만난 학생들로부터 느낄 수 있는 현상을 보면 다음과 같이 풀이할 수 있다.

인간은 누구나 다 열등감을 가지고 있다. 인간은 존재 자체가 불완전하기 때문이다. 열등감은 일반적으로 세 가지로 표출된다.

우선 열등감으로 인해서 의기소침해 지거나 좌절을 한다.

자신이 취업을 못했다는 사실에 대해서 의기소침해 진다. 특히 자신과 가장 친한 친구가 취업을 하는 경우는 더욱 더하다. 자신이 취업하지 못한 것을 자신보다는 주변에 있는 자신의 환경의 탓으로 돌린다. 자신이 졸업한 학교가 나빠서 취업을 못하고 있다는 생각을 한다. 한국의 경우는 과거 오래 동안 학교에서 배운 프로그램보다는 학교의 이름을 더 중요시 하는 경향이 강했다.

의기소침해 지면서 외부와의 단절된 생활을 하려고 한다.

두 번째 나타나는 현상은 자신이 가지고 있는 문제점을 감추려고 한다.

자신이 현재 취업을 하지 못한 것을 남에게 알려서 자신의 사정을 이야기 하여야 한다. 그리고 구직 광고란을 열심히 보면서 돌아 다녀야 한군데가 얻어 걸린다. 그러나 이러한 사람들은 그렇지 않다. 자신이 취업에 대해서 아무런 문제가 없는 사람처럼 보이려고 한다.

다음으로 열등감을 우월감으로 표출하는 수가 있다.

이 경우에는 자신의 자존심이 강하고 콧대가 높은 것처럼 나타낸다. 속으로는 스스로 쥐뿔도 없는 줄 알면서 대단한 사람인양 보이려고 노력을 한다. 직장을 잡아야 하는데 엄청나게 높은 곳만 바라보고 있다.

속으로는 우선 아무데나 가서 일을 하여야만 하는데 지원을 하지 않고서 있다.

이렇게 실속 없는 행동은 열등감에서 나온 행동의 결과인 것이다.

인간은 불완전한 존재이다. 그렇기 때문에 인간은 누구나 열등감을 가지고 있다. 비록 성인이라고 할지라도 무의식적으로 열등의식을 가지고 살아가고 있다.

인간의 존재는 스스로는 느끼지 못하는 본능적인 무의식과 다른 하나는 본능이 아닌 스스로가 깨닫고 있는 자아의식이 합쳐져서 형성된 형상과 분리할 수 없는 상태에 있다.

인간의 존재는 무의식 세계를 통한 자아의식이 표출되어서 나타난 현상이 자신의 현재의 존재인 것이다.

취업을 위해서 뛰어 다녀야 할 사람이 열등감에 사로 잡혀서는 성공은 불가능하다. 영국이 나은 극작가 셰익스피어는 무대의 주인공은 자신이며 타인은 관객에 불과하다고 한나. 모든 세상이 자기중심으로 생각해야 할 사람이 타인을 생각해서는 인생에서 성공은 불가능하다.

다른 사람에게 따귀를 한데 얻어맞는다고 해서 자신의 자존심을 상하게 하거나 명예에 혜가 되지를 않는다.

취업이 되지 않고서 놀고 있을 때 일수록 사람들과 더욱 가깝게 지내면서 정보를 구하러 다니는 정신이 필요하다.

우리는 어릴 때부터 울보 평강공주와 바보 온달에 대한 설화를 자주 들어 왔다. 바보 온달이 고구려 평강왕의 사위가 되어서 대장군으로서 나라를 위해서 많은 공을 세우고 신라와 아차 산 전투에서 아차 하는 실수로 적의 화살에 맞아서 죽었다. 온달의 시체를 장사지내려 하였으나 시체가 떨어지지 않자 평강공주가 시체를 어루만지자 그제 사 온달의 시체가 떨어져서 장사를 지낼 수 있었다는 설화이다.

바보 온달은 어째서 왕의 부마가 되고 역사에 남는 훌륭한 인품을 가진 장군이 될 수 있었을까.

바보 온달이 훌륭한 장군이 된 것은 평강공주가 자신감이라는 동기를 부여하였기 때문이다. 인간은 누구나 다 자신을 파헤쳐보면 자신의 내 면 속에는 남에게 들키지 않기를 원하는 열등감으로 가득 차 있다. 앞에서 이미 언급하였듯이 나폴레옹도 키가 작다는 열등감을 가지고 있었으며 칸트도 병약한 신체에 대한 열등감을 항상 가지고 있었다.

이러한 열등감을 긍정적인 사고로 바꾸는 경우 그는 인생에서 자신감을 가지고 큰 업적을 남기게 된다.

바보 온달장군은 평강공주로부터 자신감을 얻었다. 인간은 자신감을 가지고 있는 사람과 그렇지 않는 사람은 인생을 성공과 실패를 가름하는 결정적인 요소로 작용을 하고 있다. 정신적으로 자신이 살아날 수 있다는 긍정적인 생각을 가진 사람은 아무리 생존하기 힘든 병도 극복해서 병으로부터 회복한다. 반면에 자기 스스로가 삶에 대한 애착을 잃어버린 경우는 아무리 경미한 병이라도 쉽게 고치지를 못한다.

우리는 미국작가 오 헨리의 마지막 잎 새에서 죽음을 앞둔 소녀는 자신이 바라보는 건너편 담 벽의 담장이 잎 새가 떨어지는 날 자신은 죽는다고 생각했다. 그 소녀를 위해서 담 벽에다 마지막 한 잎 새를 몰래 그림으로 그려 놓았더니 그 소녀는 드디어 병마와 싸워서 회복되었다는 이야기는 인간이 살아나가는데 자신감이 얼마나 중요한지를 잘 보여주고 있다.

현대를 살아가는 사람들은 자기 스스로 부정적인 열등감으로부터 벗어나서 인생을 개척해 나가야만 한다.

현대를 살아나가는데 열등감이란 성공의 촉매제가 될 수가 있다. 열등감을 부정적으로 보고서 자신의 신세 한탄이나 하다가 좌 절속으로 빠져 버리는 경우 인생은 절망 속으로 빠져들게 된다. 반면에 열등감을 자신감으로 바꾸어서 자신이 원하는 목표를 향해서 매진해 나갈 때 자신이 목표로 세운 열매를 수확 할 수 있는 삶을 살게 된다.

16

글로벌화 정신과 습관이란

나는 학교에서 학생들을 가르치면서 수업시간에 글로벌 정신을 한마다로 요약하면 배고프면 밥한 그릇 주십시오. 라고 당당히 말할 수 있는 정신이 바로 글로벌 정신이라고 설명한다.

사실상 한국인들과 서양인들의 차이점은 우리 동양인들은 남의 체면 때문에 배가 고파도 배가 고프다고 말하지를 못한다.

요즈음 들어서 미국과 중국을 비롯하여 우리나라가 세계 각국들과 FTA 즉 자유무역협정을 체결하면서 반대하는 사람과 찬성하는 사람들로 의견이 나누어져 있다.

나는 몇 년 전 초기 한미 FTA 문제가 발생하자 어느 신문에 초기에 FTA에 대해서 신중을 기하라고 신문에 기고한 일이 이었다. 그런데 필자가 주장한 것은 혹시 강대국 미국에 대해서 약소국인 우리나라가 불리한 조건에서 FTA를 체결하는 것이 아닌지 하는 노파심에서 글을 썼을 뿐이지 근본은 FTA는 체결에 대해서는 반대를 하지 않았다.

왜냐하면 현대는 일 개개인이나 일개 국가 혼자는 살수가 없는 상황이다. 이러한 상황에서 우리에게 필요한 것은 ME가 아닌 WE가 더욱 더 중요한 시대인 것이다.

나는 학교에서 취업 문제로 고민하는 학생들에게 항상 글로벌 시대에 다국적 기업인 외국회사를 선택하여 입사를 하라고 자주 권한다. 특히 필요하면 외국에 나가서 살라고 말한다.

글로벌 시대로 인해서 전 세계의 금융권이 자유롭게 이동을 하기 때문에 자국의 보호를 위해서는 높은 관계를 부과하여야 하지만 한편으로는 무역의 자유화로 인해서 수출을 올려야 하기 때문에 관세의 율을 인하하는 자유무역을 채택하여야만 한다. 반면에 외국의 금융권이 몰려들지 않고 빠져 나가는 경우에 잘못하면 국제경제에서 고립상태에 빠져 들 수 가 있다.

다음으로 세계 노동시장이 자유롭게 드나들고 다국적 기업들이 국경과 국적을 떠나서 자유롭게 드나들어야 자국의 경제가 번영을 하는 시대에 돌입하였다.

이러한 현상을 신자유주의 시대라고 부른다. 정부는 큰 정부에서 작은 정부로 축소가 필요하며 동시에 시민단체등 NGO와 연계하여 업무를 확대시켜 나가야만 국가가 성장을 할 수 있는 시대이다.

21세기는 글로벌화 시대이다. 글로벌화 시대란 세계가 점차적으로 국경이 없어져서 전 세계의 지구촌화 현상이 나타나서 세계가 국적이 없어져 버린다는 것이다. 이러한 시대일수록 우리는 다른 나라 사람들을 배타적으로 대할 것이 아니라 그들의 문화와 풍습을 이해하고 그들과 융화되어져 가는 정신이 필요하다.

현재 우리는 전 세계 국가들과 자유무역협정인 FTA를 체결해 나가고 있다. 길거리에서 외국인들을 보는 일은 어려운 일이 아니다. 외국인들과 비즈니스를 포함하여 모든 일에 거래를 하지 않고서는 살아 나갈 수 없는 시대가 도래 하였다.

나는 글로벌 마인드와 관련하여 재미있는 소설과 영화의 내용을 소개하고자 한다.

라스트 모히칸은 미국 동부가 어느 정도 안정되고 서부로 개척해 나가는 시기에 나온 제임스 페니모어 쿠퍼의 소설이다. 동부가 안정되고 동부에서 안정된 삶을 버리고 험하고 위험한 삶을 택한 미국 개척자의 삶을 소설로 나타낸 이 소설은 서부변경에서 일어난 인디언과 백인간의 우정을 다루고 있는 소설이다. 이 소설은 기존에 백인과 인디언은 도저히 어울릴 수 없다는 고정관념을 깨고서 백인과 인디언 사이에 우정이 애정보다도 강하다는 것을 보여주고 있다.

일반적으로 백인들은 유전적으로 흑인이나 인디언보다 진화된 인종이란 관념에 사로 잡혀져 있었다. 그들은 열등한 인종인 인디언과는 화합해서 살아갈 수가 없다는 고정 관념에 젖어 있었다. 이 소설은 인간은 인종의 색깔을 넘어서 서로 도와서 살아가야 하는 것을 보여주고 있다.

우리는 가끔 추운 겨울날 포장마차에 들러서 소주 한잔을 기울이고 싶어지는 낭만이 그리워지는 순간이 떠오른다. 이러한 낭만은 미국의 포장마차가 원조이다. 미국인들은 동부에서 서부로 개척하기 위해서 인디언들의 습격 등 위험을 피해서 모여서 포장마차를 타고 이동을 하였다. 그들은 포장마차를 중심으로 모여서 술잔을 기울이고 하루의 피곤한 여정의 회포를 풀었다.

라스트 모히칸은 인디언과 백인 간에는 우정의 연결고리를 놓아서 화합을 모색해 나갔지만 남녀 간의 사랑에서는 인종간의 벽을 허물지 못하고 있다. 라스트 모히칸은 인종간의 벽을 상당히 허물었다는 획기적인 변화를 가져오기는 했다.

영화 가을의 전설을 통해서 우리는 전 세계의 인종의 벽이 확실하게 허물어져가고 있으며 다른 인종의 문화도 이해를 할 필요성을 느끼게 한다.

영화 가을의 전설은 배경 자체가 너무나 아름다운 낭만을 더해 주면서 인간의 진실 된 전설이 만들어 질 수 있는 배경이 나타난다. 백인사회에서 인디언 보호주의 사상을 가진 퇴역 대령과 각 각 다른 사상을 가진 그의 세 아들의 삶을 인디언을 중심으로 전개 된다는 것에 이 영화는 큰 의미를 가지게 된다. 야망을 가진 큰 아들과 자연을 사랑하는 자연주의자 둘째와 이상주의자인 셋째와의 사이에서 며느리가 들어오면서 애정과 사랑과 증오로 인한 갈등을 잘 묘사하고 있다.

가을의 전설이 라스트 모히칸보다 더욱 세계화 시대에 맞는 사상을 가지고 있다는 것은 인디언의 문화를 받아들이고 인디언 여인과 결혼까지 간다는 인종과 문화의 장벽을 완진히 허물이비린다는 것이 이영화가 보여주는 가장 강한 인상이다.

인디언 노인이 자신의 내면에서 우러나오는 소리를 들으며 살아가는 사람은 미쳐 버리거나 아니면 전설이 되어져버린다는 것이다. 인디언 노인의 말과 같이 그들은 전설이 되었다는 점에서 영화의 아름다움은 극치를 달하게 된다.

세계화 시대에 길거리에서 많은 다른 인종의 외국인들을 볼 수가 있다. 그들은 비즈니스맨이고 학생이고 종교인을 포함하여 다양한 직업을 가진 사람들이다.

그들 중에서 필리핀과 태국 등 동남아 후진국에서 온 사람들에 대해서는 경계를 하고 영미나 유럽국가의 사람들에 대해서는 주눅이 들어 있다. 이러한 편견 된 사고는 세계화 시대에 역행하는 사고이다.

20대 젊은이들은 라스트 모히칸이나 가을의 전설에서와 같이 외국인들을 이해하고 그들과 화합해서 일을 추진해 나갈 때 세계화시대에 어울리는 인생을 살아가고 있지 않나 하는 생각이 든다.

글로벌 시대에 서양인들이 가장 좋아하는 말이 무엇인지를 젊은이들은 생각해 보아야 한다. 서양인들이 가장 원하는 말은 바로 "배고프면 밥 한 그릇 주십시오." 라고 당당하게 말하는 사람을 가장 좋아 한다. 직장이 필요하면 나 취업 좀 시켜 주십시오. 라고 소리치는 사람을 좋아 한다.

필요를 간절히 소망하는 사람, 인간들은 그를 좋아하고 아름답게 바라본다.

17

생존의 법칙

학생들에게 사회생활을 시작하는 경우에는 상사와의 관계인 수직라인과 동료 및 부하직원인 수평라인 중에서 어느 쪽이 중요한가에 대해서 질문을 던지고 그 문제에 대해서 토론을 자주한다.

나는 이 문제에 대해서는 상사보다는 동료와 부하들을 중요시하는 수평라인에 의존하는 정신을 가져야 본 게임에 진출 할 수 있다는 충고를 준다.

나와 미국에서 대학원을 같이 다닌 한국인 재미 교포의 이야기를 통해서 우리는 조직에서든 어디든지 수평라인이 수직보다 더 강하다는 것을 알 수 있다.

나와 오래 동안 미국의 대학에서 같이 공부하여 현재는 미국의 다국적 기업인 3M 사에서 승진하여 사장까지 한 필자의 친구의 경험담을 적어 보면서 20대 젊은이들이 가져야 할 사고는 조직에서 수평라인에 의존하는 정신을 가져야 성공을 할 수 있다는 것이다.

미국 미네소타 주에 본부를 둔 스카치테이프 제조회사로 우리에게 잘 알려진 다국적 기업인 3M 회사의 고급관리자로 있는 한국인 경영자 남모 사장은 다음과 같이 말하고 있다.

남 사장은 자신의 경험담을 이와 같이 설명하고 있다.

20년 전 박사학위를 마치고 처음으로 미네소타의 3M사에 신입사원으로 취업을 해서 들어갔다. 남 박사는 혼신을 다해서 일을 한 결과 뛰어난 업적을 보이면서 선임자 동료들이나 약간 더 높은 중간관리자인 과장들을 제치고 업무 면에서 두각을 드러내기 시작하였다. 남 박사가 다른 동료들보다 업무 면에서 두각을 드러내기 시작하자 직속상관인 과장을 통하지 않고서 실무 면에서 최고 직인 부장이 직접 남 박사를 불러서 업무를 상의하기 시작하였다.

그런데 얼마 후에 부장이 남 박사를 불러서 남 박사가 한 업무에 대해서 비난을 가하기 시작하였다. 부장이 지적하는 문제에 대해서 남 박사가 스스로 해명을 하면서 자신이 만들어서 직속상관인 과장에게 올린 서류를 부장이 남 박사에게 보여 주었다. 그런데 그 서류는 분명히 남 박사가 작성해서 과장에게 전달한 그 서류의 내용이 아니었다.

남 박사가 작성한 서류를 실무적인 차원에서 가장 높은 부장에게 전달하는 과정에서 과장이 다르게 고쳐서 부장에게 전달한 것이다.

남 박사가 똑똑하고 야심이 만만한 신입사원이라는 것을 안 남 박사의 직속상관은 처음에는 똑똑한 부하직원을 두어서 자기 팀의 업무실적이 향상되는 것에 대해서 상당히 기쁘고 기분이 좋았다.

그러나 남 박사의 뛰어남을 안 과장의 직속상관인 부장이 과장의 단계를 거치지 않고서 직접 남 박사를 통해서 업무를 지시하자 과장은 자신의 권한이 위축되어지고 있다는 위협을 느끼게 되었다. 남 박사와 수평관계에 있는 동료직원들 역시 남 박사가 업무 면에서 탁월하다는 것을 알고서 탐탁하게 생각하지 않고 있었다. 분명히 그들은 얼마 후에는 남 박사와의 경쟁에서 밀릴 것이 분명하다는 것을 예견하고 있었다.

과장은 자신의 부하직원인 남 박사에게 자신의 자리를 빼앗길 위험을 느끼고 있었으며 동료들은 자신들이 업무 면에서 무능력자라는 것을 입증하도록 만들었다.

이 팀에 소속된 모든 사원들은 남 박사의 뛰어난 업무능력에 대해서 칭찬을 아끼지 않았다. 그러나 내심으로는 남 박사가 실수를 하도록 은근히 기대하고 있었다. 과장은 남 박사가 올린 업무서류를 조작하여 틀리도록 만들어서 상관인 부장에게 제출을 하였다. 부장이 남 박사가 능력이 없는 사람이라고 찍어 버리도록 할 의도이었다.

남 박사는 자신이 제출한 서류의 아이디어는 자신이 만든 것이 아니라고 해명을 하였다. 결국 그 문제는 부장이 알게 되기는 했지만 남 박사가 과장에게 올리는 서류는 거의 모두가 다 잘못된 서류로 고쳐져서 부장 등 실무최고 관리자에게로 올라갔다.

드디어 남 박사는 자신의 모든 동료들이 자신이 업무 면에서 두각을 드러내는 것을 두려워하고 싫어한다는 것을 알아차렸다.

남 박사는 조직에서 살아남는 방법을 곰곰 히 생각하게 되었다. 자신의 능력을 감추어서 다른 사원들과 같이 평범한 직장생활을 하여야 할지 아니면 자신의 능력을 살릴 수 있는 회사에 다시 지원서를 제출할지를 두고서 고심을 하였다.

마침 3M에 입사하기 전에 입사서류를 같이 넣어서 합격 통보서를 받은 IBM사의 인사담당자에게 연락을 해본 결과 아직까지 합격이 효력을 가지고 있기 때문에 구비서류만 제출하면 입사가 바로 가능하다는 통보를 받았다.

IBM은 3M과 비슷한 규모의 다국적 기업이며 연봉도 비슷한 수준이며 사내에서의 위치도 비슷하였다. 며칠을 두고 곰곰이 생각한 결과 IBM사로 전직을 하기로 결심하고 서류를 제출하고 바로 IBM사로 이직을 하였다.

IBM으로 옮긴 이후 남 박사는 전번 직장에서처럼 열심히 자신의 아이디어를 창출하여 회사의 팀에서 인정을 받았다. 그러나 문제는 또다시 전번에 있었던 회사와 똑같은 현상이 일어나고 말았다. 여기에 IBM 과장은 전번의 과장보다 훨씬 더 성격이 포악한 사람이었다.

남 박사의 전공이 화공 학 분야이기 때문에 3M사가 더욱 자신의 장래와 더욱 가깝다는 것을 알고서 다시 3M에 머리를 조아리고서 입사를 하였다.

남 박사는 인간은 능력보다는 주변의 환경에 맞게 처세를 하여야 살아갈 수 있다는 것을 느꼈다고 말했다. 다윈의 적자생존 설은 바로 현재 인간사회에서 그대로 잘 적용되고 있다.

자신의 능력은 주변 사람들의 능력과 맞추어서 발휘하여야 한다. 장님나라에서는 애꾸가 왕이다. 라는 말은 통하지 않는다. 애꾸눈 나라에서는 두 눈을 가진 사람이 장애자이자 병신으로 취급을 받게 된다는 것이다. 애꾸만 모여 사는 집단에 정상적으로 두개의 눈을 가진 사람이 더 멀리 정확하게 본다고 날뛰는 경우에는 미친 사람으로 몰아서 죽여 버리고 만다.

모기는 스스로 약하다는 것을 터득하였기 때문에 다른 생명체에 붙어서 피나 빨아 먹지 더 이상의 욕심을 부렸더라면 멸종을 하였을 것이다.

대 철학자 파스칼은 그의 팡세에서 약한 인간이 강한 우주를 지배하는 것은 인간은 자신이 약하다는 것을 알고 있으며 우주는 자신이 강하다는 것을 모르기 때문에 강한 우주가 약한 인간에게 지배를 당한다는 것이다. 그러기 때문에 인간은 생각하는 갈대인 것이다. 라고 말하고 있다.

현대 글로벌 시대는 시공간을 초월한 사고를 바탕으로 한 수평라인에 의존해 나가야만 한다. 동양사회는 아직까지 국민들의 의식구조가 수평보다는 수직에 의존하려는 경향이 강하다.

수년전 한국이 월드컵 4강이라는 신화를 이루어 내었다. 우리나라가 월드컵 4강이라는 것은 우리조건으로 보아서는 불가능한 일이다. 우리나라가 월드컵에서 4강에 들어간 원인은 히딩크라는 수평적 라인에 의존하는 축구 이론가가 있었기 때문이다.

히딩크를 인정해야만 하는 이유는 신생독립국가들이 서구식 민주주의 제도는 택하였지만 민주주의 제도가 서양과 같은 진정한 민주주의로 전환되는 데에는 오랜 시간이 걸리는 것과 같은 맥락에서 이해하면 된다.

축구도 마찬가지이다. 서양인들이 자기들의 체력조건과 기준에 맞추어서 하는 운동이기 때문에 우리나라 선수들은 체력적으로 아주 불리한 조건에 있다. 체력적 한계의 조건 때문에 지난 수십 년간 우리는 월드컵 경기에는 출전을 하였지만 분선 진출조차 힘이 들었다.

우리나라는 과거 권위주의 시절에 정부의 많은 예산을 투자하여 스포츠 장려에 힘을 써 왔다. 그러나 결과는 그렇게 좋지 못했다.

우리나라는 축구강국으로 성장하기 위해서 문제점인 체력의 문제점을 극복하기 위해서 X 이론을 내놓았다.

X 이론의 목표는 선수들의 체력 향상에 주력을 두었다. 여기에 우리나

라의 경제가 후진국에서 중진국으로 진입하면서 국민들의 체력이 상당히 향상 되면서 월드컵 본선에는 진출 할 수 있는 계기가 되었다.

여기에 더해서 한국의 축구 이론가들은 기술의 필요성에 중점을 두기 위해서 Y 이론을 만들어 내었다.

X 이론과 Y 이론의 도입으로 인해서 우리는 본선에 진출하는 기회를 마련하였다. 우리는 그 많은 아시아 축구국가들 중에서 축구 강국으로 자리매김하게 되었다. 우리나라를 경시하던 일본도 이길 수 있는 축구 강국이 되었다. 그러나 X 이론과 Y 이론만으로는 한계가 있었다. X와 Y 이론만으로는 16강 진출의 가능성이 희박하다는 사실이 판단되었다.

X와 Y 이론의 한계를 극복하기 위해서 영입된 감독이 바로 히딩크 감독이다. 히딩크는 한국의 축구가 가지고 있는 문제점을 정확히 파악하여 새로운 이론을 만들어 내었다. 히딩크가 만들어낸 이론은 바로 P 이론이다.

히딩크의 P 이론은 바로 서양인들과 비교하여 한국인들은 수직적 라인에 의존한다는 것이다. 이 수직적 라인이란 바로 한국인들이 선후배 관계를 맺어서 실력과 능력위주로 선수를 발탁하는 것이 아니라 수직라인에 의존하여 선수를 뽑는다는 문제점을 알아내었다.

히딩크가 적용한 P 이론은 바로 수평라인에 의존한 선수의 발탁이었다. 그전의 한국 감독들은 모두가 자신과 학연이나 지연 혈연 등에 얽혀져서 감독이 비록 개혁을 추진해 나가려고 노력을 하더라도 개혁에는 실패를 하였다.

그러나 히딩크 자신이 한국에서 나서 자라지 않았기 때문에 큰 부담 없이 이러한 문제를 극복해 나갈 수가 있었다.

그가 P 이론을 성공시키기 위해서는 X 와 Y 이론을 무시하여야만 하였다. 기존의 선수들이 가지고 있는 화려한 경력을 무시하고 앞으로 장래가 있어 보이는 선수들을 발탁 시켰다.

히딩크의 P 이론을 한국의 20 대 젊은 사람들이 배워서 적용하여야만 한다.

X + Y+= Z 이론은 X + Y = P 라는 공식을 만들어 내어야만 한다. 이것은 무엇을 말하는가.

한국의 젊은이들이 성공을 이해서는 기존의 중심라인인 수직적 라인에서 탈피하여 수평적 라인으로 사고를 바꾸어야만 한다. 현재 한국은 사회가 수직사회에서 수평사회로 서서히 넘어가는 과도기 단계에 있다. 그러나 아직까지 우리는 수직적 라인을 중시여기는 단계에 있다.

수평적 라인에 의존해야하는 원인을 보면 기존의 조직이 파리미드 형이었다. 그러나 현대의 조직은 점차적으로 피라미드형에서 종모양에 럭비공을 올려놓은 모양으로 변화를 추구해 나가고 있다.

조직의 모양이 점차적으로 종모양에 럭비공을 올려놓은 모양이라는 것은 조직에서 의사결정권이 최고 관리자에서부터 하구조직으로 이동하고 있다는 것을 의미한다. 따라서 최고관리자 1인에게만 있던 권한은 이제 서서히 밑의 하부관리자에게로 넘어오고 있다는 말이다.

따라서 현대 20대 젊은이들은 이러한 과도기형 사회에서 살아남기 위해서는 사회 조직을 비롯하여 모든 면에서 자신의 상사보다는 자신의 동료나 부하나 후배들을 더욱 아끼고 존경하는 라인에 의존하여야 한다.

앞의 예에서도 언급하였지만 조직에서 상사와의 관계만 원만하고 상사의 눈에만 드는 행동을 하는 사람은 어느 정도 까지 승진을 하고 성공을 할런지 모르지만 최종까지 가지 못하고 만다.

진짜 본 게임에 진출하는 사람은 상사에게 할 말은 하는 사람이다. 특히 부하를 위해서는 당당하게 상사에게 도전할 용기를 가진 사람이 사회에서 성공을 하고 이러한 사람이 결국은 조직에서 본 게임에 진출을 하는 티켓을 따내고 성공을 하는 사람이 된다.

20대에 성공하는 젊은이들은 폐쇄된 사고에서 벗어나서 개방적인 사고를 가져야만 한다. 20대 젊은이들은 피라미드를 뒤집어서 후배들이나 부하들을 밑에서 받쳐 주고 뒤에서 밀어주는 역할을 하는 사고를 가지고 있어야만 한다. 이러한 사고는 바로 수평적 라인에 의존하겠다는 사고에서부터 출발한다.

리더는 선천적으로 타고나는 것이 아니다. 20대 젊은이들이 성공을 위해서는 현대 조직이 필요로 하는 리더십을 몸에 갖추어야만 한다. 현대 조직에서 요구하는 리더십은 바로 젊은이들 20대에 갖추어야 한다. 그 중에서도 리더는 부하직원들에게 수직적 라인을 이용하고 자신의 권한을 이용하여 부하들을 억압하는 독재 형 리더십을 현재까지 발휘하는 젊은이들은 자신의 리더십 유형을 변화시켜 나가지 않으면 성공을 할 수가 없다.

생존의 법칙과 관련하여 다윈의 논리를 인용하여 설명을 하고자 한다.

찰스 다윈의 진화론에 대해서 우리는 어느 정도는 이해하고 있다. 다윈은 인류의 역사에 획기적인 변화를 가져온 인물이다. 그의 이론은 인간의 창조주는 하느님이 아니라는 설에서부터 당시 하느님을 정신적 지주로 삼고서 살아가는 전 세계인들에게 충격을 주었으며 종교계를 비롯하며 모든 분야에 획기적인 변화를 초래하게 만들었다. 다윈의 이론은 인류 역사의 제 2의 혁명을 가져오게 만들었다.

진화론은 모든 생물은 환경에 잘 적응하는 생물만이 살아남고 그렇지 않은 생물은 도태되어서 사라져 버린다는 이론이다.

다윈의 용불용설은 필요해서 자꾸 사용하면 더욱 더 발전하고 필요가 없어서 사용하지 않으면 없어져 버린다. 생물학적으로 아무리 뛰어나고 우수한 유전인자라도 환경에서 필요로 하지 않으면 사라져 버린다. 아무리 열등한 생물도 환경에 잘 적응해 나가면 생존해서 번성해 나간다는 이론이다.

우리가 살아가는 인간사회도 적자생존의 시대에 접어들고 있다. 주변의 변화는 어지러울 만큼 빠르게 변화를 거듭하고 있다. 변화에 적응해 나가는 사람은 살아남고 그 변화의 속도에 적응하지 못하는 기업이나 사람은 위기 쪽으로 몰리고 있다.

최근의 디지털 혁명으로 인해서 경제적인 부는 눈이 내릴 때는 똑같이 땅에서 공평하게 쌓이지만 디지털이라는 바람으로 인해서 여러 곳으로 이동하여 몇 군데만 집중적으로 쌓이고 있다. 과거보다 너욱 심한 부익부 빈익빈의 현상을 초래할 가능성이 커지고 있다.

기업들은 숲과 나무의 성향을 동시에 읽을 수 있는 기업정신을 요구하고 있다. 조직 내에서는 무수히 많은 정보 중에서 필요한 정보를 읽고서 정보를 공유해 나갈 수 있는 능력을 필요로 하고 있다.

다윈의 말과 같이 아무리 우수한 종자라도 환경에 적응하지 못하면 사라져 버리듯이 아무리 뛰어난 인재라도 조직 내에서 조직원들 간의 호흡을 잘 맞추어 나가지 못하는 경우 자신의 재주를 발휘할 기회를 찾지 못한다. 운동경기에서 아무리 뛰어난 개인기를 가지고 있다고 하더라도 팀원들 간의 도움이 없이는 두각을 드러낼 수없는 것과도 같은 현상이다.

다윈이 말하는 우수한 종자는 인간사회에서 전문성을 말한다. 전문성을 가지기 위해서는 숙련공과는 다른 방법으로 업무에 접근을 시도하여야 한다.

숙련가는 주어진 자신의 업무만 지속적으로 하여 그 일 하나에 대해서만 어둠속에서 눈감고도 쉽게 처리할 수 있는 능력을 말한다. 자동차 숙련공은 오랜 동안의 그 분야에만 업무를 보아서 자동차에 이상이 있으면 금방 무슨 문제가 있다는 것을 알아낸다.

숙련공은 여기까지가 전부이다. 전문가의 경우는 다르다. 전문가는 한 단계 나아가서 자동차의 수명연장과 연료의 법칙까지 파고 들어가서 자동차에 문제가 생기기 전에 사전방지를 할 수 있는 능력을 가진 사람을 말한다.

전문가의 지식은 숙련가가 업무의 반복으로 인해서 얻은 기술을 바탕으로 더 많은 노력과 지혜를 쌓아서 얻은 지식이다.

현대의 조직에서는 업무만을 반복적으로 잘 하는 기술자는 살아나가기가 힘이 드는 시대에 도달했다.

정보나 기술도 혼자서만 아는 정보나 기술을 요구하지 않고 한 단계 높은 정보를 요구하고 있다. 정보를 얻기 위해서는 조직원 전체의 정보 분담과 함께 조직원 전체의 정보의 공유를 필요로 하고 있다. 정보를 정확하게 읽고 대응해 나가기 위해서 개개인의 전문화된 지식과 함께 협력을 필요로 한다.

조직이 살아나기 위해서는 조직원 개개인이 전문성을 가지고 있어야만 한다. 조직원들의 전문화와 함께 중요한 것은 조직원들의 협력정신이다.

조직원들이 협력정신은 오케스트라와 같다. 협력 없는 개인기만으로는 오케스트라에서 연주자들 각자가 악기를 불어서 듣기 싫은 소리를 내게 될 것이다. 조직원들은 서로 간에 화합하여 오케스트라에서 아름다운 소리가 나도록 노력을 하여야 한다. 만일 그렇지 못한다면 조직원 개개인의 전문성은 살리지 못하고 묻혀버리고 만다.

조직에서 리더십은 오케스트라에서의 지휘자와 같은 역할이다. 지휘자는 연주자 개개인이 내는 소리의 조화를 이루어서 전체적으로 아름다운 소리가 나도록 만드는 역할을 한다. 현대의 조직에서 필요로 하는 것은 조직원 개개인의 전문성을 발휘하도록 도와주는 리더의 역할이 점차적으로 비중을 더해가고 있다.

현대를 살아가는 젊은이들에게 필요로 하는 것은 조직원들이 상호협력을 하여야만 사회가 필요로 하는 삶을 살아 갈수 있다고 생각된다.

18

진보적 프런티어의 삶

인생에서 성공하기 위한 조건은 무엇인가에 대한 세계적인 석학 막스 베버는 첫째는 모티브 즉 계기가 있어야 한다. 계기는 자기가 성공을 하기 위한 기회를 찾아서 나서야 한다. 도널드 트럼프와 같이 부동산으로 부자가 되기 위해서는 부동산과 관련된 곳으로 찾아가야 한다. 조지 소로스와 같이 투자로 성공하기 위해서는 투자와 관련된 분야로 연구를 시도하여 계기를 만들어야 한다.

자신이 성공하고자하는 분야에서 부자가 된 사람에게 찾아가서 기술과 방법을 터득하여야 한다. 혼자서 연구하고 이해하는 것보다 이미 성공한 사람으로부터 노하우를 배우게 되면 실패의 함정으로부터 피해 나갈 수 있다.

두 번째 성공 조건은 모험을 감수하여야만 성공을 한다. 모험을 감수한다는 것은 호랑이를 잡기 위해서는 호랑이 굴로 뛰어 들어가야만 한다. 독수리를 잡기 위해서는 독수리를 유인하여야 한다. 보물섬을 찾기 위해서는 해적들이 가지고 있는 보물지도를 목숨을 걸고서 빼내어야 한다.

세 번째 성공 조건은 운이 따라야 한다는 것이다. 파스칼의 말과 같이 인간은 대 자연의 주변 환경에 비교하면 약한 갈대에 불과하다. 주변의 변화와 자신의 계획이 맞아 떨어야만 성공을 거둘 수가 있는 것이다. 서양인들이 별자리를 보고서 그 별자리를 보는 점성술사들에게 물어보는 이유가 미래에 대한 예측불허의 심리에서 지푸라기라도 잡으려는 심리에서 나온 미신인 것이다.

성공을 하기 위해서는 자신도 예상하지 못한 행운이 따라주어야만 성공을 할 수가 있는 것이다. 그 운이라는 것은 그냥 가만히 있는 다고해서 행운이 따르는 것은 아니다. 감나무 근처에 가서 누워서 감이 떨어지도록 기다려서는 안 된다.

막스 베버의 인간이 성공하는 세 가지 조건 중에서 가장 중요한 것은 위험을 감수하는 삶인 것 이다. 현재 미국 스탠포드 대학의 실리콘 벨리에는 수많은 젊은이들이 백만장자의 대열에 들어섰다. 그들은 전부가 다 벤처기업으로 성공을 이루어낸 사람이다. 벤처기업의 벤처라는 말은 영어의 어드벤처 즉 모험이라는 말에서 나온 말이다.

벤처기업의 정신이 바로 모험 정신인 것이다. 벤처기업 100개 가운데 5개만 성공을 하고 나머지 95개는 전부다 망해 버린다. 다시 말하면 벤처기업을 해서 성공할 확률은 5퍼센트라는 아주 작은 성공확률을 가지고 있다.

성공할 확률이 작은 벤처기업에 뛰어든다는 것은 위험한 삶을 감수한다는 것을 의미한다. 현재 실리콘 벨리에는 전 세계에서 성공을 이루기 위해서 많은 젊은이들이 모여든다. 그들의 삶은 거친 파도를 헤쳐 나가는 항해사와 같은 것이다. 그들의 배는 금방 뒤집어질 것과도 같은 위험 속에서 파도와 싸우면서 나가고 있다.

신업혁명은 영국의 제임스 와트와 같은 발명가에 이루어 졌지만 산업혁명의 완성은 현재 벤처기업을 운영하는 젊은 벤처기업가에 의해서 이루어지고 있다. 질풍노도 속에서 언제 배가 뒤집어 질지 모르는 작은 배에 매달려서 배를 모는 그들의 삶이 있기에 인류는 디지털혁명을 비롯한 초기 산업혁명에서 한 단계 나아가는 인류의 산업혁명을 완성단계로 몰아가고 있는 것이다.

만일 위험을 감수하지 않고서 편안하게 살기를 원한다면 인생에서 대성공은 불가능하다. 다행히도 현재 전 세계에서 많은 젊은이들은 벤처정신을 살려서 위험한 도전적인 삶을 살아가고 있다.

인생에서 편안하게 하루하루를 보내는 삶을 살아갈 것인가 아니면 위험을 무릎 쓰고 성공을 위한 도전적인 삶을 살 것인가는 우리 스스로가 다시 한 번 생각해 볼 일이다.

남들보다 별나 보이는 옷을 입는 다거나 주변시대에 앞서 나가는 생각을 가진 다거나 같은 길이라도 다른 길로 돌아서 가본다거나 하는 사람들을 우리는 막히지 않은 사람이라고 한다. 반면에 옷이나 넥타이등 한가지만을 그대로 입고서 길도 똑같은 길만 그대로 가는 융통성이 없어 보이는 사람을 우리는 보수적 사고를 가진 사람이라고 한다.

보수적 사고는 주변의 변화에 맞추어서 같이 변화를 추구해 나가지 않는 사람들을 보수주의 성격을 가진 사람이라고 한다. 다시 말하면 보수는 재미없는 사람과 같이 보인다. 반면에 진보는 외형상 재미있어 보이는 친근감과 호감이 간다.

보수와 진보에 대해서 학문적인 관점에서 보면 굉장히 지루하고 복잡하다. 보수는 현실주의를 추구하고 진보는 이상주의를 지향하는 사상이다. 인류 역사를 통해서 진보는 이상을 향해서 노력을 하여 인류를 어느 정도 불안정하게 만들기는 하지만 인류의 역사를 한 단계 끌어올리는데 중요한 역할을 하였다.

보수는 진보가 불안정하게 만들어놓은 혼란을 안정화 시켜서 역사가 광란의 역사 속으로 내몰리지 않도록 제동을 거는 브레이크 역할을 하였다. 진보와 보수 모두가 인류의 발전을 위해서 필요하며 사실상 둘 다 인류발전에 있어서 필요하다. 인류발전의 원동력으로서 보수와 진보 모두가 중요한 요소이다.

인류역사를 통해서 보수주의자의 대명사는 영국의 사상가 에드먼드 버크를 들 수가 있다. 반면에 진보주의 사상가는 영국 옥스퍼드학파인 이상주의자 토마스 힐 그린을 들 수 있다. 에드먼드 버크는 불란서 혁명에 대해서 그의 논문 불란서 혁명에 관한 고찰에서 불란서 혁명에 대해서 반대를 하였다. 버크의 사상은 점진적인 사회 변혁을 추구해 나가는 사상이다. 반면에 그린은 이상주의 사회를 꿈꾸는 현대 사회복지 제도의 창시자이다.

인간이 삶을 살아가는데 진보적인 사고를 가져야 하는가 아니면 보수적인 사고를 가져야 하는가는 자신의 성격과 시대에 따라서 다르기는 하다.

자신의 발전을 위해서는 진보적인 사고를 가져야 한다. 보수는 안정을 추구하는 삶을 살아간다. 반면에 진보는 불안정한 삶을 추구하기는 하지만 발전적인 삶을 살 수가 있다.

진보적 사고는 획일화 된 사고에서 벗어나서 앞으로 전진 해 나가는 사고이다. 연령을 기준으로 하여 보수와 진보를 구분해 보면 젊은이들은 대부분 진보적 사고를 가지고 있으며 나이가 들어갈수록 점차적으로 보수적 사고를 가지게 된다.

국가를 보드라도 현재 미국인들은 대부분 보수적인 사고를 가지고 있다. 보수를 대변하는 미국의 공화당이나 진보를 대변하는 민주당은 둘 다 동전의 앞면과 뒷면 정도의 차이밖에 없다.

우리가 생각했던 아메리칸 드림을 꿈꾸던 개척기의 미국인들이 가지고 있었던 진보적 사고는 세계 패권국이 되면서 사라지고 안정을 추구하는 보수적 사고로 변하였다.

인간은 자신의 발전을 위해서는 획일적인 사고에서 벗어나서 매일 다른 방향으로 변화된 생활을 추구해 나가야 한다. 진보는 변화된 사고를 요구하고 있다. 그리고 새로운 생활방식을 요구하고 있다. 매일 똑같은 업무를 반복적으로 하면서 바깥바람 쐐기를 거부하는 사람들은 발전이 없는 사람들이다.

같은 옷이라도 재미있게 입어보고 매일 직장으로 가는 길도 다른 길을 택해서 가보는 정신이 필요하다. 매일 사용하는 인터넷의 바탕도 새롭게 변화된 바탕으로 깔아보는 것도 좋은 방법이다. 머리모양과 남들이 하지 않는 남자가 귀걸이를 한다거나 여자가 남장을 하는 것도 진보적인 사고의 전초전이라고 할 수 있다.

외모 같은 사소하고 작은 일에서부터 틀에 박히지 않은 진보적 사고에서 출발할 때 진정한 자신의 내면 변화를 추구하는 진정한 진보적 사고는 확립된다고 생각된다.

미국인들이 가장 많이 인용하는 시의 구절은 영국 철학자이자 주교인

클론 버클리의 시의 일절인

> 제국은 늘 서쪽으로 향했지/ 이미 제 4장은 지나갔고/ 다섯 번째 장이 나오면 막이내릴 것이다/ 우리시대의 가장아름다운 후예가 마지막으로 등장하리라

라는 시의 구절이다.

이중에서 제국은 늘 서쪽으로 향했지 라는 구절은 미국인이 아닌 영국 시인으로부터 나왔다. 제국은 늘 서쪽으로 향했지 그들은 서쪽으로 가서 태평양 연안에 도달해서 너무 기쁘고 지식에 목이 말라 학교를 세우고 이름을 버클리라고 명명하였다.

이시는 미국인들이 가장 좋아하는 시이다. 이 시 속에는 미국인들의 사상인 프런티어 사상이 깃들어져 있기 때문에 미국인들은 이시를 가장 좋아한다.

미국인들이 자랑하는 프런티어 식 삶이란 어떤 삶을 의미하는가.

프런티어는 미국인들이 개척기를 통해서 만들어낸 미국인들만이 가지고 있는 정신인 것이나. 미국인들은 유럽으로부터 가지고 온 세몽주의 사상을 신천지 미국 땅에 도착하면서 신천지를 개척하는 과정에서 만들어진 사상인 것이다.

미국인들이 개척기에 자연과 싸우면서 형성되어진 사상이 바로 프런티어 정신인 것이다. 시어도어 루즈벨트 대통령은 미국의 프런티어는 유럽과는 다른 미국인들이 개척기를 통해서 형성된 미국인들만이 가지고 있는

자랑스러운 정신이라고 주장했다.

미국인들은 신천지 땅 미국을 개척해 나가기 위해서 필요한 정신은 협동정신과 팀워크 정신이었다. 그들은 팀워크 정신만 잘되어 있으면 몇 사람이 모여서 로키산맥도 움직일 수 있다는 신념에 차 있다.

프런티어는 영국의 경험주의에다 실용주의를 합친 정신이라고 할 수 있다. 경험주의에다 실용주의가 합쳐진 프런티어 정신은 오늘날 미국을 인류 역사상 로마 이래로 최고의 강대국으로 만들어 놓았다.

프런티어는 실용주의와 경험주의에다 모험정신과 팽창정신을 가미했다. 미국인들은 동부에서 서부로 팽창정책의 필요성을 느끼면서 공격적 모험정신으로 서부로 개척해 나갔다.

현대의 조직이 성공을 하기 위해서는 프런티어 정신과 같은 팀워크와 모험정신이 필요하다고 본다. 미국의 프런티어를 기업정신에 맞추어서 추구해 나가면 성공의 지름길이 될 수 있다.

현대의 조직을 성공적으로 운영하고 자기 스스로 조직에서 성공적인 삶을 살기 위해서는 프런티어 정신의 기본인 팀워크 정신과 협동정신과 함께 모험정신이 필요하다고 본다.

이솝우화에서 여우와 신포도 이야기가 있다. 여우는 너무 높이 달려있는 포도를 보고 그 포도를 따먹을 수 없다는 것을 알고서 그 포도는 먹을 수 없는 신포도이기 때문에 시도조차 할 필요가 없다는 것이다. 인생도 여우의 신포도 이야기와 비슷한 경우가 허다하다. 인생을 살아가면서 맛있는 포도인지 아니면 먹을 수 없는 만큼 시큼한 포도인지를 알아보지도 않고서 미리부터 포도 따는 일에 도전하는 일을 포기해 버리는 경우가 허다하다.

그리스의 철인 소크라테스는 시도하지 않은 삶은 가치가 없다. 라고하고 있다. 성공을 하기 위해서는 무슨 일이든지 시도부터 하여야 한다. 시도를 해서 실패하기도 일수고 성공하기도 일수 인 것이다. 시도부터 하고 나서 성공과 실패는 다음의 문제로 생각하여야 한다.

조선조 말기에 나라정치에 반기를 들어서 비록 혁명에 실패는 하였지만 국가에 경각심을 불러일으켰던 혁명가 홍경래는 혁명이 실패로 돌아가자 그는 사나이가 한번 나라를 바로 세워 보겠다는 꿈을 가지고서 혁명을 시도하다가 실패하기도 하늘에 달렸으며 성공하기도 하늘에 달렸다고 말했다. 진정으로 중요한 것은 국가의 개혁을 위해서 시도해 본 것에 진정한 의미가 있다고 했다.

시도도 해보지 않고서 처음부터 나는 그 일을 하는 것이 불가능하다는 생각부터 하는 사람은 인생에서 성공을 할 수가 없다. 인간이 성공을 할 수 있기 위해서는 얼마나 그것을 강력하게 희망하는가에 달려있다.

애디슨이 전구를 발명하기 위해서 전구 안에서 고온에 버틸 수 있는 탄소막대기인 필라멘트를 발명하기 위해서 수 십 차례의 실패를 거듭하였음에도 불구하고 포기하지 않고 노력하여 마침내 성공을 하였다. 최초 여류 비행기 조종사인 린디 아멜리아 이어하트는 움직이지 않으면 이루어지지 않는다고 하였다. 이어하트는 결국 비행기에서 실종되었지만 그녀는 진정한 삶을 시도한 여류 비행사이었다. 비행 조종의 개척자인 찰스 린드버그는 모험과 시도가 없는 곳에는 어떤 사람들이 살고 있으며 그들은 어떤 삶을 살고 있는지 궁금하다고 했다.

70년대 초 한국은 후진국에서 중진국으로 도약하기 위한 틀을 마련하고 있었다. 이 시기에 현대그룹의 정주영 회장은 한국을 해상왕국으로 만들어 보겠다는 시도를 하였다. 당시의 조건으로 보아서는 불가능한 일이었다. 모든 사람들은 정 회장의 구상을 포기하라고 말렸다. 그의 꿈은 좌절될 것이라고 생각했었다. 허허벌판 울산에다 현대조선을 세우기 위해서 명함 하나만 들고서 전 세계를 누볐다. 정주영 회장은 현대조선을 세계에서 두 번째로 큰 조선회사로 만들어서 조건적으로 불가능하다는 것을 가능하도록 하였다. 정주영 회장의 시도로 인해서 한국은 세계적인 조선국가 된 것이다.

인간은 성공을 하기 위해서는 시도부터 하여야 한다. 영웅 나폴레옹은 내 사전에는 불가능은 없다. 라고 말하고 있다. 나폴레옹을 영웅으로 만든 것은 바로 그 가지고 있었던 무엇이든지 마음을 먹었으면 시도를 하는 도전정신이다. 나폴레옹은 유럽의 험악한 요새인 알프스 산을 넘어서 공격하는 일을 시도하였다. 겨울에 알프스를 넘는 일은 모든 사람들이 엄두고 내지 않고 시도조차하지 않는 일이다. 나폴레옹이 가지고 있는 이러한 사상이 바로 나폴레옹과 일반인들의 차이점이다.

현대를 살아가는 젊은이들에게 필요한 정신은 하고자 하는 일에 대해서 처음부터 불가능하다는 생각으로 포기해 버리는 것이 아니라 시도부터 해야 하는 정신이 필요하다고 생각된다.

19

시야를 넓게 보고 진로를 택하라

나는 20대 학생들이 학교를 마치고 대기업과 중소기업 중 양쪽 모두를 합격하였는데 어느 쪽을 택할까요. 라는 질문을 자주 듣곤 한다.

대부분의 젊은 사람들이 대기업을 택하기를 원하고 있기는 하지만 필자는 양쪽 중에서 자신의 장래에 적성이 맞는 쪽을 택하라고 말하고 싶다. 왜냐하면 대기업이든 중소기업이든 양쪽 모두 장단점을 가지고 있기 때문이다.

속담에 소 궁둥이 보다는 닭대가리가 되라. 라는 말이 있다. 현대기업인들의 귀에 자주 들리는 말 중에서 블루오션과 레드오션이라는 말이다. 레드오션은 현재 있는 기존의 시장에서 치열한 경쟁을 통해서 1등의 자리를 석권한다는 기업전략이다. 블루오션은 기존에 없는 새로운 시장을 개척해서 신상품을 최초로 개발한다는 전략이다.

블루오션 전략은 기존에 없는 것을 새롭게 개발하여 최초가 되면서 1등의 자리를 얻는 것이며 레드오션은 이미 있는 여럿 중에서 노력을 해서 기존의 1등을 제치고 1등을 하겠다는 전략이다. 이중에서 대부분의 기업들이 원하는 전략은 최초가 되겠다는 블루오션의 전략이다. 최초가 되는 것이 최고가 되는 것보다 쉽다는 생각이다. 최초가 되기 위해서는 창조적인 아이디어와 전략을 필요로 하지만 최고가 되기 위해서 기존의 시장과 상품의 질서를 깨뜨릴 만큼의 엄청난 노력을 요구하기 때문이다.

인간이 살아나가면서 느끼는 것은 큰 곳에서 하인 노릇을 할 것인가 아니면 작은 곳에서 왕 노릇 하는 편이 더 나은가를 두고 생각들을 많이 한다.

계급사회인 군 조직을 보면 별들이 많이 모여 있는 육군본부에 가면 이마에 별을 달고 있는 장군들도 급하면 유리창이라도 닦을 정도의 일을 해야 할 만큼별에 대한 희소가치가 없다. 그 별이 전방으로 가는 경우에 별이 떴다하면 전 부대에 비상령이 내려질 정도로 왕에 가까울 정도의 대접을 받는다.

같은 별을 달고 있더라도 자신이 몸담고 있는 조직에 따라서 대우가 너무나 다르다. 공무원의 경우 중앙 부서에 있게 되면 승진상의 약간 혜택을 받기 때문에 승진을 위해서 층층시하의 중앙부서에 근무를 하기를 원한다. 하급관청으로 가면 거느리는 부하직원이 많고 섬겨야하는 상관들이 적기 때문에 더욱 편한 생활을 할 수 있다.

인생을 살아가면서 우리가 생각할 것은 작은 곳에서 열심히 해서 자신의 실력을 인정받고 다음으로 한 단계 더 높고 큰 곳으로 옮겨 갈 것인가 아니면 처음부터 큰 곳에서 많은 영재들 틈에서 그들과 치열한 경쟁을 할 것인가는 심각하게 생각해 볼 문제이다.

능력이 아주 탁월하고 뛰어난 사람은 처음부터 큰 곳에서 소 궁둥이부터 시작해서 이미 자리를 잡고 있는 수많은 영재들과 경쟁을 한번 해볼 만하다. 이미 기존에 있는 영재와 비슷한 능력을 가지고 있기 때문에 죽이 되던 밥이 되던 붙어서 되면 그들을 제치고 영웅이 되며 큰 곳의 왕이 되는 것이다.

문제는 탁월한 능력을 가지지 못하고 있는 경우이다. 이들은 처음부터 큰 곳에 가면 두각을 드러내지 못하고 바닥에서 헤매는 위치로 떨어진다. 많은 노력과 인내를 통해서 그들은 일등은 못되고 이등의 자리에 까지는 간다. 작은 곳에서는 그 정도의 노력과 인내를 하는 경우 얼마가지 않아서 일등의 자리에 올라서게 된다.

일등과 이등의 차이는 엄청나다.

역사적으로 볼 때 일등을 한 사람은 역사에 이름을 남기면서 대우를 받고 이등을 한 사람은 아무런 가치를 두지 않고 사라져 버린다. 이등과 일등의 가치는 하늘과 땅 차이이다. 비교를 할 수가 없지만 복권의 경우 이등 당첨자와 일등 당첨자에게 돌아가는 상금의 차이는 실로 엄청난 차이를 두고 있는 것과 같은 현상이다.

소꼬리와 닭 벼슬을 비교하는 일은 상대적인 것이다.

소꼬리가 더 좋은지 아니면 닭 벼슬이 더 나은지는 개인의 특성에 따라서 약간의 차이가 있다. 처음부터 소머리가 되겠다고 달려드는 사람은 많은 희생을 감수하고도 일등을 할 가능성이 희박하다. 작은 곳에서 열심히 노력을 하면 노력한 만큼의 대가가 나고 쉽게 두각을 두러낼 수 있다.

인류역사를 빛낸 이름 있는 대부분의 사람들은 처음에는 작은 곳에서부터 시작하여 그곳에서 일등을 하여 큰 곳으로 옮겨서 성공을 거두었다.

현대를 살아가는 20대의 젊은이 들은 인생에서 큰 곳에서 인생을 실패할 각오를 하고 일등이 되도록 노력하고 도전 할 것인가 아니면 작은 곳에서 일등을 하여서 큰 곳으로 옮겨서 성공을 계획할 것인가를 다시 한번 생각 해 볼 일이다.

나는 성공하는 사람과 실패하는 사람의 차이는 시야를 얼마나 넓히는가에 달려 있다고 생각한다.

무슨 어려움이 있더라도 당황해서는 안 된다. 때를 기다려야 한다. 마냥 때만 기다릴 것이 아니라 시야를 넓게 보면서 때를 기다리는 융통성 있는 사고력이 필요하다.

20대 젊은이들이 취업 문제를 비롯하여 모든 문제에 대해서 융통성 있는 인간이 되어야 한다. 머리만 좋은 아이큐보다는 융통성이 있는 이큐가 더욱 더 필요하다. 최근에는 IQ(지능지수)나 EQ(감성지수) 보다는 사회성인 SQ를 성공에 더욱 필요한 요소로 들어나고 있다.

대학을 졸업하고 인생의 성공을 준비하는 사람들이 가져야할 사고는 융통성이 절대적으로 필요하다. 융통성이 없이 주변의 환경을 무시하고 나가다가는 영원히 취업을 비롯하여 실패만 거듭하는 수가 있다.

괭이 갈매기 새 이야기를 생각해 볼 수 있다.

괭이갈매기는 자신이 높이 날지 않고서 같은 무리의 새들과 같이 주변에 있는 잔잔한 먹이 경쟁을 하면서 살아오고 있었다.

괭이갈매기는 먹이 경쟁에서 점점 더 지쳐서 더 이상 살아나가기가 힘이 들어져가고 있었다.

그런데 우연히 좀 더 하늘을 높이 날다가 보니 하늘 높이에서 밑에 있는 물체들을 바라보는 시야가 점점 더 넓어져서 땅위에 있는 먹이들이 엄청나게 많다는 것을 알아내었다.

그때부터 그 새는 높이 날면 날수록 더욱 더 많은 먹이를 얻을 수 있다는 법칙을 알아내었다.

인생의 성공도 마찬가지 법칙이다.

융통성 없이 자신이 생각한 한곳만 바라보고 있으면 취업이 되지 않고 경쟁은 더욱 더 치열해진다. 이보의 전진을 위해서 눈높이를 낮추어서 보는 시야를 넓혀야 한다. 그러다 보면 바로 괭이 갈매기 새와 같이 내가 왜 여태까지 이렇게 필요 없는 취업경쟁 속에서 살아왔는가 하면서 후회를 하게 될 것이다.

눈높이를 낮추거나 시야를 넓게 보는 일이 바로 성공할 수 있는 길이다.

그러기 위해서는 글로벌화 된 시각으로 넓혀나가야 만다.

미국 발 경제위기의 한파는 전 세계를 공항으로 몰아가고 있다. 우리나라도 경제가 위기에 봉착하면서 많은 사람들이 취업난에 시달리고 있다.

젊은이들에게 필요한 것은 힘든 과제를 극복하는 일이다. 이 힘든 과제란 어떻게 하면 취업에 성공을 할 수 있도록 만드는 일이다. 취업에 성공을 하기 위해서는 성공적인 전략을 수립하는 일이다.

국내기업이던 외국 기업이던 공통적으로 요구하는 사항은 비슷하다고 할 수 있다. 다시 말하면 모든 기업들은 글로벌화 된 인재를 요구하고 있다.

글로벌화 된 인재란 어떤 자격 요건을 갖추고 있는 사람을 의미하는가부터 생각해 보아야 한다.

글로벌화 된 인재란 어떤 사람인가.

21 세기는 얼마 전까지 정보와 지식이 지배하던 시대에서 한 단계를 뛰

어 넘어서 인재가 지배하는 시대가 되었다. 각 회사에서 인재 한 사람이 회사원 수십 명에 해당하는 업무 효과를 가져 오기 때문이다. 다시 말하면 인재 한사람의 비중이 인재가 아닌 사람 수백 명의 몫을 해 낸다는 말이다.

따라서 글로벌 시대에는 각 회사는 인재를 스카우트하는 경쟁이 치열하게 되어져 가고 있다. 어떻게 보면 부익 부 빈익빈 현상이 점차적으로 커져가고 있다고 볼 수 있다. 자기 스스로 인재를 만들어 놓으면 취업이 오히려 쉬워서 여러 회사에 스카우트가 될 확률이 점차적으로 커진다는 것을 의미한다.

현대 글로벌 조직이 요구하는 인재가 되기 위해서는 어떤 조건을 갖춘 사람을 말하는가.

우선 국제화 시대의 감각을 갖춘 사람을 공통적으로 요구하고 있단다. 국제화 시대의 감각을 갖춘 사람이란 무엇보다도 언어 실력이 뛰어나야 한다.

언어란 우선적으로 전 세계에서 공통적으로 통용하고 있는 영어실력을 갖추고 있어야 한다.

지금 전 세계는 패권국인 미국중심으로 돌아가고 있다는 것을 현재 미국 발 금융위기에서도 실감이 난다. 뉴욕의 증시 다우지수가 세계 경제의 풍향계 노릇을 하고 있듯이 미국 화폐인 달러가 전 세계의 화폐로 통용되고 있다.

여기에 더해서 세계화 시대에 성공하기 위해서는 자신과 접촉하는 국가의 민족성과 문화를 이해하여 문화적인 차이를 줄여야 한다.

한국은 유교문화권 국가이다. 또한 아시아 문화권 국가이다. 동양 삼국인 일본과 중국의 문화에 대해서는 쉽게 접근하여 이해하기가 쉽다. 그리고 한국은 아시아계이다. 아시아계로는 싱가포르나 태국 필리핀 등을 들 수가 있다.

문화의 범위를 서쪽으로 넓혀 나가면 인도와 파키스탄 등의 국가를 넘어서 중동의 회교문화권으로 넘어가게 된다.

지구 전체 인구의 약 반에 가까운 민족이 살고 있는 아시아계 의 문화를 이해하기는 서구 문화를 이해하기 보다는 비교적 쉽다.

이슬람문화권인 중동의 문화는 서양과 동양의 문화가 혼합된 문화이기 때문에 이해하기가 그다지 어렵지 않다. 이란을 비롯한 사우디 아리비아 역시 동양문화에 기반을 두고 있다. 문제는 중동 인 들은 이슬람 종교에 강한 색체를 띠고 있기 때문이다. 따라서 이슬람국가들과의 관계를 위해서는 그들의 사회의 하부구조를 이루고 있는 이슬람 문화부터 이해하여야 한다.

문제는 서양의 국가들의 문화를 이해하여야 한나. 서양의 문화는 이미 영화 등을 통해서 우리에게 익숙해져 있기는 하다. 그러나 영화 등을 통한 문화는 장사를 위한 지속적인 문화에 불과하기 때문에 잘못 이해하는 수가 허다하다.

또한 서양과 동양은 오래 동안 지리적으로 떨어져 있었기 때문에 그들의 문화를 이해하는 것은 지리적으로 인접해 있는 국가들의 문화를 이해하기보다 훨씬 더 어렵다.

또한 서양의 문화가 전 세계를 지배하고 있다고 할 수 있다. 왜냐하면 세계 패권국인 미국이 서구 문화의 중심에 서 있기 때문이다.

세계 문화의 중심은 미국을 비롯한 서구문화가 주류를 이루고 있다. 서구인들의 문화를 이해하는 것이 가장 중요한 일이다. 아메리카 대륙에 위치한 멕시코나 브라질 등 중남미 국가들은 이미 오래전에 스페인이나 포르투갈 등의 유럽국가 들의 식민지 국가들이었다. 따라서 수백 년 동안 유럽의 식민지 국가로 있었기 때문에 범 유럽문화로 이해 할 수 있다. 아프리카는 오직 오지의 국가이다. 그러나 아프리카 역시 서구 열강 국들의 식민지 국가였기 때문에 유럽문화에 상당한 영향을 받고 있다. 지구 남반부 국가인 호주와 뉴질랜드 역시 영 연방 국가이다. 이들 국가는 모든 문화가 영국의 문화라고 보면 된다. 캐내다 역시 영연방 국가이다.

여기서 논하고 있는 것처럼 미국과 캐나다, 남미등 대부분이 서구의 문화에 깊이 영향을 받고 있다. 동양에서는 일본이 서구문화로 분류되기도 한다. 그 이유는 일본은 역사적으로 개화기에 서구식 문화를 바탕으로 하여 개혁에 성공을 하였기 때문이다.

문화는 발달된 문화에서 덜 발달된 문화로 이동을 한다.

글로벌 시대에 전 세계는 모든 것이 비슷하게 되어져 가고 있다. 모든 것이 투명화 되어져 가고 있다. 따라서 미국을 중심으로 한 서구 문화를 우선적으로 이해하는 일이 글로벌시대의 인재가 되는 지름길이다.

20
자아혁명을 하라

나는 천재들이 타고난 능력의 소유자가 아니라 노력에 의해서 이루어진 인물들이라는 것을 여러 가지 자료를 통해서 알아내었다.

실재로 천재라고 불리는 많은 사람들은 엄청난 노력을 기울인 사람들이다. 성공하는 사람들은 모두가 마지막 1 퍼센트까지의 정신력을 집중하는 사람이 성공을 하고 그렇지 못한 사람은 실패를 한다.

젊은이들이 성공하기 위해서는 평탄하고 평범한 길을 가서는 안 된다. 그들이 가야할 길은 바로 순풍에 돛을 단 뱃길이 아니라 역류를 향해서 돛을 단 배로서 험난한 파도의 뱃길을 향해서 달려 나가야만 성공을 할 수 있다.

최근 디지털 혁명의 덕을 본 대표적인 성공인 빌 게이츠 역시 역류를 향해서 헤엄을 쳐 나간 사람이다. 인류 삼대 혁명을 통해서 민주주의를 인류에게 확실하게 만들어준 존 로크와 장자크 루소와 토마스 홉스 역시 그들은 강한 왕정에 도전하여 거센 역류를 타고서 강한 비바람과 파도에 시달린 그들 스스로의 인생은 순탄한 인생은 아니었다.

개인적으로 천재 작곡가 악성 베토벤 역시 귀머거리라는 치명적인 문제점을 극복하고 성공한 인물 이었다. 성공을 크게 하기 위해서는 더욱 더 많은 시련이 도사리고 있다. 중간에 성공을 막 눈앞에 두고서 99 퍼센트의 사람들이 자신의 한계로 인정하고 성공에 도전하는 자세를 포기해 버린다.

인간은 불완전한 존재이다. 완전하다면 인간은 여기에 존재하지 않는다. 인간 존재의 불완전성을 극복하기 위해서 노력하고 최선을 다할 때 그 인간은 아름다워 보인다. 궁극적으로 인간에게 필요한 것은 성공과 실패의 문제를 초월하여 목표를 향해서 매진해 나가는 일 자체가 중요한 것이다.

20대에 필요한 것은 자아혁명이다.

20대에 자아 혁명에 성공한 사람은 바로 제임스 딘과 체 게바라이다. 제임스 딘은 안락하고 평안만을 추구하는 50년대 미국사회의 젊은이들의 얼굴에 찬물을 던진 인물이다. 에덴의 동쪽, 자이언트 등의 영화를 통해서는 그는 시대의 반항아 이었다. 그러나 그는 단순한 반항아가 아니었다. 당시 허물어져가는 젊은이들에게 새로운 사고를 주입시키고 미국사회를 한 단계 성숙한 단계로 끌어 올리는데 크게 기여한 인물이다.

당시 20대의 제임스 딘이 존재하지 않았더라면 미국사회는 단순히 물질만 숭상하고 풍요로움만을 추구하는 허물어져가면서 황폐해져가는 T. S. 엘리엇이 말하는 황무지로 변하고 말았을 것이다. 20대의 성공을 위한 야망을 사회에 대한 역류로서 도전한 제임스 딘은 엘리엇의 황무지 땅을 장미꽃 피는 옥토로 만드는데 결정적인 역할을 하였으며 당시 미국사회는 새로운 변화를 추구하여 케네디의 뉴 프런티어 정신을 탄생시키는 계기를 마련하였다.

서부 영화와 섹스 영화에 싫증을 느끼면서 미국인들은 새로운 무엇을 갈망하였으며 바로 미국인들이 갈망한 것은 딘의 사고의 혁명이었다.

제임스 딘과 함께 20대의 성공의 혁명을 위해서 도전한 인물은 바로 체 게바라 이었다. 게바라는 의사로서 평탄한 길을 걸어갈 수 있었음에도 불구하고 일부러 험하고 힘든 고난의 길을 택하였다. 게바라는 카스트로를 도와서 쿠바 혁명에 성공을 거두었다. 젊은 나이에 카스트로와 카스트로의 친 동생인 라울 카스트로와 함께 쿠바의 3대 권력의 핵심에 들어가는 인물로 젊은 나이에 부상하였다.

체 게바라는 카스트로와 함께 평생을 부귀와 영화와 권력을 누릴 수 있었음에도 불구하고 그는 카스트로 곁을 떠나서 아르헨티나를 비롯한 남미 국가에 혁명을 수출을 위해서 출발하였다. 그의 혁명의 수출에 대한 정신은 젊은이들이 성공을 위해서는 한시도 버리지 않는 역류를 향해서 진군하는 사고를 가져야만 한다는 것을 잘 보여주고 있다.

체 게바라는 비록 30대의 젊은 나이에 사형을 당하기는 하였지만 그가 남긴 사고는 지금도 살아남아서 젊은이들이 살아가는 올바른 방향을 제시하고 있다.

조선조 말에 부패 된 사회를 개혁하기 위해서 일어섰던 홍경래를 우리는 생각해 볼 수 있다. 홍경래는 혁명의 거사에 실패는 하였지만 그가 한 말은 후세 젊은이들에게 큰 교훈을 남겨 주었다. 인간이 꿈을 위해서 혁명을 일으켰다가 실패하기도 일수고 성공하기도 일수다. 그러나 중요한 것은 뜻을 세워서 한번 밀어 붙여 본다는 곳에서 진정한 의미를 부여하여야 한다고 주장 하였다.

인간은 한번 태어나서 누구나 다 죽는다. 소크라테스 나 플라톤 도 인간이기 때문에 죽는다. 20대 젊은이들에게 필요한 것은 자신이 세운 목표가 실패로 돌아가는 한이 있더라도 그 꿈을 세우고 그 목표를 향해서 달려 나가는데 큰 의미와 비중을 두어야만 한다.

젊은이 그들은 누구인가.

그들은 위험한 인간존재이다. 그들은 열정은 가지고 있으되 이성보다는 감정에 치우치는 경향이 매우 강하다. 20대가 성공을 위해서는 열정을 바탕으로 하여 무한한 속도로 달려 나가만 한다. 그들은 스스로 열정을 가지고 있어야만 하지만 동시에 그 열정을 남에게 불어 넣을 수 있어야만 한다. 만일 그 열정을 다른 사람에게 불어 넣어주지 못한다면 그 열정을 큰 효력이 없다.

열정이상으로 젊은이들이 가져야하는 것은 바로 이성이다. 이성을 바탕으로 하기보다는 감성을 바탕으로 하기 때문에 그들은 실수를 하기가 쉽다. 감성은 젊은이들이 가지고 있는 공통분모이기 때문이다. 젊은이들에게 필요한 것은 성공을 위해서 끝까지 밀어 붙이는 뚝심이 필요하다. 그러나 대부분 현대의 젊은이들은 중간에 포기를 쉽게 해 버린다. 끝까지 밀어 붙이는 추진력이 필요하다.

속담에 성공이 가장 눈앞에 있을 때가 가장 절망적으로 보인다는 말이 있다. 대개 마지막 고비만 넘기면 성공을 할 수가 있음에도 불구하고 대부분 사람들은 성공을 눈앞에 두고서 포기를 해버린다.

현대 젊은이들이 성공을 위해서 가져야 할 사고는 유연성이다. 대부분 젊은이들이 가지고 있는 사고는 강철과 같이 단단한 사고를 좋아한다. 강철과 같이 단단한 사고는 젊은이들의 사고에 맞는다. 강철은 겉으로는 강해보이지만 쉽사리 부러지고 녹이 쓸어버린다. 그러나 유연성을 가진 연철은 휠지언정 절대로 부러지지는 않는다.

인생에서 성공을 위해서 필요한 것은 연철과 같이 유연한 자세로 매사에 대응해 나가는 자세가 절대적으로 필요하다. 겉으로 강해 보이는 것은 금방 부러져서 못쓰게 된다.

외유내강이라는 속담이 있다. 이것은 것으로는 부드러우면서 속으로는 강한 사고를 말한다. 젊은이들에게 필요한 정신은 바로 외유내강의 정신인 것이다.

현대 사회는 컴퓨터가 인간을 지배하는 시대로 변화되어지고 있다. 최근의 스마트 폰을 비롯하여 초기의 빌 게이츠의 마이크로 소프트사의 컴퓨터 켜는 소리를 들으면서 전 세계 인류는 하루 일과를 시작하였으나 지금은 애플사가 만든 스마트 폰 속에 휴대전화를 비롯하여 모든 정보를 들고 다닌다.

확실히 현재 전 세계에서 가장 유명한 영웅은 빌게이츠와 스티브 잡스 두 명이 세계를 지배해 나가고 있다.

그러면 이 두 사람이 왜 이렇게 유명한 인간으로 변화되어 졌을까.

원인을 분석해 보면 그들은 20대 때 다른 동년배인 20대들과 다른 사고를 가지고 있었기 때문이다.

빌 게이츠는 남이 모두 부러워하는 하버드 대학 재학시절에 학교를 그만두는 모험을 감행하였으며 스티브 잡스 역시 주변에 다니 대학을 그만두어 버렸다. 그들에게는 확실히 남과는 다른 사고를 가지고 있었다.

빌 게이츠는 이미 1970년대 중반에 미래는 컴퓨터가 지배하는 시대가 돌아온다는 것을 예견하고서 컴퓨터에 집중을 하였다. 애플사를 설립한 스티브 잡스 역시 개인용 컴퓨터 만들기에 집중을 하였다.

잡스와 게이츠는 출신 성장 배경이 다르기는 하다. 게이츠는 부유한 변호사의 아들이지만 잡스는 부모가 없는 입양아로서 자라서 보다 과격한 성격을 소유하는 인물로 성장을 하였으나 두 사람 모두 혁신적인 사고를 바탕으로 70년대와 80년대 컴퓨터 혁명을 일으키기는 하였으나 게이츠가 좀 더 보수적이며 안정적인 스타일을 추구해 나가는 인물이었다.

스티브 잡스는 20대 때부터 남과는 다른 사고를 가지고 있었으며 회사에서도 직원들에게 강조하는 것은 differences 즉 차별화를 강조하고 있으며 일을 단순히 열심히만 하는 사람보다는 항상 차별화 시켜서 새로운 아이디어를 가진 사람을 측근으로 두었다.

잡스는 80년대 자신이 설립한 애플사에서 쫓겨나는 어려움과 여러 가지 역경을 딛고서 현재 세계 최고의 애플회사로 만들어낸 원동력은 그의 남과는 다른 차별화 시키는 성격과 열정을 더하고 있다. 그러나 여기에다 스티브 잡스는 남을 설득시키는데 아주 뛰어난 능력을 가지고 있었다.

스티브 잡스가 한번 프레젠테이션을 하면 모든 사람들이 그를 따랐으며 애플사의 주가는 상승세를 탔다.

스티브 잡스와 빌 게이츠 모두 일반적으로 평범한 사람들과는 다르게 20대 때부터 다른 길을 택하였기 때문에 그들은 현재 성공을 길을 달리고 있는 것이다.

만일 빌 게이츠가 다니던 하버드 대학에서 학업을 계속하였더라면 그는 어떻게 되었을까.

게이츠는 분명히 평범한 샐러리맨에 지나지 않았을 것이다. 또한 스티브 잡스 역시 다른 사람들과 같이 학업을 계속하였더라면 그의 성격에 동네에다 조그마한 컴퓨터 회사를 차려서 고장 난 컴퓨터나 수리를 하고 있을 것이다.

20대가 지나기 전에 명심하여야 할 일은 남과는 다른 사고를 가지는 혁신적 사고를 가지고 접근하는 정신이 필요하다.

다시 말하면 역류를 향해서 헤엄을 쳐 나가야만 성공을 할 수 있다.

스티브 잡스와 빌 게이츠 모두 앞으로 어떻게 될지 모르는 미지의 세계에 위험을 감수하면서 뛰어들어서 세계의 역사를 다시 쓰게 되는 영웅이 되었다.

그러면 인류의 역사는 누가 만드는 것인가. 인류의 역사를 만들고 쓰는 사람은 바로 역사에 도전하는 사람들이다. 인류의 역사를 통해서 뛰어난 인물은 모두가 죽음을 각오하고 모험을 감행한 혁명가들이다.

인류의 역사는 과거나 현재나 미래에 모두가 남보다 한발 앞서서 나가는 사람이 승자가 되며 역사에 남는 인물로 기록이 된다.

20대에 해야 할 일은 바로 남과의 차별화된 사고를 가지고 편안한 자세를 가지지 말고 쉬운 물길 도 순행을 할 것이 아니라 역행을 하여야 한다. 다시 말하면 역류를 행해서 헤엄을 처서 거슬러 올라가는 기질을 연마하여야만 한다.

인생을 무사안일하게 평범한 사람으로 살아서 평범한 인간으로 인생을 끝을 맺을 것인가 아니면 인생에서 위험과 모험을 감수하고 치열하게 살아서 인류의 역사에 이름을 남기는 인물이 될 것인가는 20대에 결정 된다.

20대에 성공에 필요한 것은 재주와 능력이 아니라 하겠다는 목표와 의지가 한 인간의 인생을 결정한다.

21

인생은 마라톤

나는 학교에서 강의를 하면서 첫 시간에 "인생은 마라톤이다." 라는 주제를 가지고 오랫동안 논하였다. 그런데 요즈음 글로벌 시대에 들어서면서 나의 생각은 자꾸 흔들리고 있다. 과연 인생은 마라톤인가 하는 문제이다.

내가 오래 동안 학교나 외부 초청강연에서 초대 되어서 젊은 사람들에게 하는 첫 마디는 인생은 마라톤이다. 라는 말을 제일먼저 하였다. 또한 길고 짧은 것은 인생의 마지막에 대어 보아야한다. 라는 말을 하였다.

인생은 마라톤이 아니라 단거리 경주이며 길고 짧은 것이 대어 보지 않고서도 금방 발견할 수 있다는 것을 알 수 있다고 말하고 싶을 때가 간혹 있다.

우리가 와이셔츠나 상의를 입을 때 단추를 끼어 넣을 때 첫 단추를 잘못 끼어 버리면 단추를 벗겨서 다시 단추를 끼어 넣는 새로운 자업을 시작하여야만 한다. 그렇게 되면 옷을 입는 시간이 첫

단추부터 잘 끼워 넣을 때보다 약 두 배의 시간이 소요된다.

길고 짧은 것은 대어 보아야만 한다는 말도 결국 인생은 마라톤이기 때문에 처음에는 잘못 되더라도 나중에 잘 될 수 있기 때문에 낙심을 하지 말라는 위로의 말이다.

나는 오래 동안의 강의와 연구 경험을 통해서 인생은 마라톤이다. 라는 말과 길고 짧은 것은 대어 보아야 한다는 논리에 대해서 긍정에서 부정으로 돌아섰다가 결국은 긍정적인 견해를 가지고 있다.

그리스의 괴짜 철인 제논은 제논의 역설로서 유명하다. 제논의 역설은 느림보 거북이와 그리스에서 가장 빠른 용사 아킬레우스가 서로 경주를 하는 경우 만일 거북이가 한 걸음이라도 먼저 출발을 하면 그 경주는 거북이가 승리를 한다. 용사 아킬레우스가 한발이라도 앞서서 출발을 하는 경우에는 아킬레우스가 그 경주에서 승리를 한다는 제논의 역설을 주장하였다.

제논은 당시 삶을 살아가는 젊은이들에게 인생에서 출발이 얼마나 중요한 것인가를 강조하기 위해서 이와 같은 주장을 하였다.

단거리 경주에서는 스타트인 출발이 좋아야 경주에서 승리를 할 수 가 있다. 100미터 단거리는 초를 다투는 경주이다. 약 43킬로미터를 달려야하는 장거리 마라톤에서는 출발이 별로 큰 의미가 없다. 오히려 나중에 힘을 내기 위해서 처음에는 앞에 주자를 내세워서 뒤에서 따라가는 경우도 흔히 사용하는 전략이다.

대기만성이라는 속담이 있다. 큰 그릇은 나중에 만들어진다는 것이다. 사과를 비롯하여 크고 맛있는 과일은 나중에 서서히 익는다. 크고 좋은 도자기는 오래 동안의 구이를 거치고 오랜 시간을 거친 후에 좋은 도자기가 만들어지는 것이다. 칼도 명검은 수많은 담금질을 통해서 명검이 만들어진다.

인생도 마찬가지 이다. 최후까지 노력을 하는 사람이 결국 승리를 한다.

최후에 웃는 자가 가장 잘 웃는다. 라는 말이 있다. 초기에 잘 나가는 사람은 얼마가지 못해서 내려 앉는다. 달은 차면 기운다는 말과 같이 빨리 차는 사람은 그 다음에는 기울 수밖에 없는 것이 자연의 철칙이다. 회사에서도 빨리 승진을 하는 사람은 그만큼 조기에 퇴사를 하여야 하는 것이다.

인생도 길고 짧은 것은 두고 보아야 한다는 말이 있다. 인생에서 조금 앞섰다고 오만하던 사람은 대부분 뒤따라오는 사람에게 자리를 빼앗기고 만다.

인생은 마라톤이다. 라는 말은 누구나 다 아는 평범한 진리인 것이다. 마라톤에서 앞서고 있다는 것은 뒤 따라오는 사람에게 자신을 추적할 힘을 주고 있기 때문에 자신이 더욱 겸손해서 분발하지 않으면 곧장 뒤따라오는 사람에게 경주에서 지게 된다.

마라톤 경주와 같이 인생에서도 처음 어느 정도는 까지는 힘을 길러두었다가 어느 정도의 힘이 생기게 되면 그때부터 본 게임에 들어가서 최선을 다하는 인생 프로그램을 세울 전략이 필요하다.

초기에 너무 앞서가서 나중에 지쳐 버리는 인생 전략은 좋은 전략이 못된다.

인생에서 승자가 되기 위해서는 초기에 앞서가는 사람을 부러워 할 것이 아니라 힘을 길러서 본게임에서 승리를 할 수 있는 부단한 노력이 필요하다.

마라톤에서 마지막 승자에게 필요한 것은 초기에 힘을 내어서 앞서나가는 주자가 아니라 마지막에 낼 수 있는 힘을 비축해두는 현명한 전략을 사용하는 주자가 결국 승리를 하게 된다.

우리도 인생을 살아가면서 인생은 마라톤이라는 평범한 진리를 거울삼아 현재 잘나가고 못 되고 있는 것에 대해서는 관심을 갖지 말고 장기적인 안목에서 겸손한 마음으로 삶을 살아가야 하지 않는가 생각된다.

22

상대할 인간형

우리나라의 옛 속담에 부모 팔아서 친구를 산다는 말이 있다.

부모 팔아서 친구를 산다는 말은 자신에게 반드시 필요하고 중요한 친구를 자신과 가장 친한 친구로 만들기 위해서 부모의 재산을 모두 팔아서 친구에게 갖다 준다는 말이다. 이처럼 인간이 살아 나가는데 친구는 자신에게 정신적으로나 물질적으로 아주 중요한 역할을 한다.

친구 따라 강남 간다는 말이 있다. 여기서 말하는 강남이란 서울의 중심지인 강남지역을 말하는 것이 아니라 지금으로 말하면 저 멀리 떨어진 동남아시아 지역을 말하며 당시로 말하면 친구를 따라서 지구의 끝까지도 간다는 것을 말한다.

이처럼 자신과 같이 지내는 친구는 잘 골라서 지내면 형제보다도 더욱 나은 사람이 될 수 있나. 또한 사춘기 시절에 친구를 잘못 만나서 인생에서 낙오자가 되는 경우가 허나하나. 나쁜 친구들과 어울려서 술을 마시고 용돈이 궁해서 절도 짓을 하거나 아니면 마약행위를 하는 행위도 대개는 혼자서 하는 것이 아니라 친구들과 어울려서 하는 경우가 대부분이기 때문이다.

인간은 누구나 자신과 가장 가까이 있는 사람으로부터 자신도 모르게 물이 들게 마련이다. 교육학적으로 보면 피어그룹이 굉장히 중요한 역할을 한다고 본다.

속담에 사람을 낳으면 서울로 보내고 말을 낳으면 제주도로 보내라는 말이 있다. 까마귀와 어울리는 사람은 새까맣고 초라한 존재가 되고 공작새와 어울리면 공작처럼 우아하고 아름답게 된다.

이 말은 인간은 자신과 어울리는 사람에 따라서 자신의 위치가 변하게 된다는 말이다.

인간은 자신의 주변에 영향을 받게 마련이다. 맹모삼천지교라는 말은 맹자와 같이 큰 인물을 만들기 위해서 맹자의 어머니가 옳은 환경을 찾아서 이사를 여러 번 다녔다는 말이다. 대부분의 사람들은 자기와 비슷한 처지의 사람들과 어울린다. 소위 말하는 끼리끼리 어울린다는 말이다.

자신이 어느 정도 성공을 하면 과거에 있던 부류의 사람들 틈에서 벗어나서 더 낳은 부류의 사람들과 합세하고 그들의 틈에 들어가려고 한다.

사람들을 보면 대개가 사람을 잘 만나서 성공을 한다. 자신이 그 분야에서 성공을 하고 싶으면 아예 그쪽으로 가서 그 옆에서 서성거리다 보면 기회를 잡고서 성공을 하는 경우가 대부분이다. 예술분야 중에서 음악 분야에서 성공을 하고 싶으면 줄리아드 음악학교의 최고의 선생을 찾아가서 그 밑에서 배우고 나서야 최고의 경지에 오르게 된다.

여행을 통해서 문화적인 관점에서 도움이 되고자 하면 우리나라보다도 문화적으로 앞선 나라를 여행하여야 한다. 경제적으로 견문을 넓히고자 하면 우리나라보다 경제적으로 선진화된 나라를 방문하여야 한다. 우리나라보다 문화적으로나 경제적으로 후진국인 동남아나 아프리카를 여행해서는 별로 큰 도움이 되지 않는다.

대부분의 사람들은 자신과 비슷한 사람들과 어울리기를 원하거나 아니면 자신보다 조금 못한 사람과는 쉽게 어울린다. 자신보다 못한 사람과 어울리면 자신의 마음이 편안해 진다는 생각 때문이다. 자신보다 못한 사람에게는 자신의 우월성을 나타낼 수 있기 때문이다.

자신과 비슷한 사람과 어울리는 사람은 더 이상 발전을 하지 못하고 그 자리에서 머물고 만다. 자신보다 못한 사람과 어울리는 사람은 자신보다 못한 사람의 수준으로 내려가는 퇴보되는 인생으로 변하게 된다. 자신도 모르게 수준 낮은 사람으로 변하게 된다.

자신보다 수준이 높은 사람으로 부터는 조금이라도 배울 것이 있다. 자신보다 수준 높은 사람과 어울리는 그 순간부터 자신도 모르게 물이 들어서 덕을 보게 되는 것이다.

옛말에 없는 풍창보다는 있는 땡촌이를 따라 다니라는 말이 있다. 없는 풍창이란 지갑에 돈은 비어 있으면서 돈이 생기면 술과 밥을 사겠다는 사람이다. 친구에게 술과 밥을 사주고 싶은데 지갑이 비어서 사주지는 못하는 사람이다.

있는 땡 촌이라는 말은 돈은 있으면서도 절대로 지갑을 열시 않는 구두쇠 사람을 말한다. 경우에 따라서는 땡 촌 이도 지갑을 열기 때문에 그 옆에 붙어 있다 보면 얻어먹을 기회가 생긴다는 것이다. 돈을 가지고 있는 구두쇠가 돈이 없는 인심 좋은 사람보다 낫다는 말이다.

인간은 성공을 하기 위해서는 성공한 사람들의 주변에 있어야 한다. 성공한 사람들과 함께 있다 보면 자신도 성공한 사람으로 변하게 된다. 실패한 사람 주변에 있게 되면 자신도 모르게 실패한 사람들이 하고 있는 행동에 물이 들게 된다.

젊은이들이 인생을 성공적인 삶을 살아가기 위해서는 자신보다 나은 사람들과 친분관계를 가지려고 노력을 해야 한다. 그렇게 될 때 자신의 삶도 머지않아 성공한 삶을 살아가게 될 것이다.

나는 20대 학창시절에 공부를 하면서 책상머리에 철학자 칸트가 한 명언 두 가지를 먹을 갈아서 글씨를 크게 A4 용지에 써 붙이고 집 문지방을 드나들면서 항상 읽고 다녔다.

내가 책상머리에 써 놓은 글은 바로 인간을 수단으로 대하지 말고 항상 목적으로 대하여야 한다는 말이다.

일생을 살아가면서 철학자들이 한말들은 우리가 항상 명심하고 다녀야 할 말들이 많이 있다. 왜냐하면 철학자들의 한말은 인간이 어떻게 하면 더욱 보다 지혜롭게 사는가 하는 방법을 가르쳐주기 때문이다. 그중에서 우리가 일생을 살아가면서 명심해야 할 말은 바로 칸트의 인간을 목적으로 대해야지 수단으로 대해서는 안 된다는 말이다.

내가 칸트철학에 대해서 깊이 있게 관심을 가지기 시작한 것은 미국에서 박사과정에 있을 때이었다. 당시 서양과 동양의 사상사적인 관점에서 동서양의 차이점을 비교하는 일이었다.

칸트는 18세기 초에 독일의 말안장을 수리하는 집안에서 태어나서 평생동안 철학에만 집중하였으며 그는 서양의 고대 철학과 근대 철학을 비판하여 현대 철학과 근세철학을 연결하는 중간다리 역할을 한 인류 철학발전에 크게 기여한 인물이다.

칸트가 남긴 3대 비판서인 순수이성 비판과 판단력 비판과 실천이성 비판의 3대 철학서는 칸트의 대표작이다. 칸트의 3대 비판서를 보면 우선 순수한 비판을 통해서 판단을 한 후 실천에 옮기라는 것이다.

다시 칸트의 명언을 보면 칸트는 인간을 수단으로 대할 것이 아니라 목적으로 대해야만 한다고 한다. 이 말은 이성을 가진 인간과 인간 사이에서 반드시 필요한 것은 그 인간을 만날 때 단순히 자신의 필요에 의한 수단으로서 그 사람을 만나서는 아니 되며 만나는 사람을 목적으로 대해야 한다는 것이다.

젊은이들은 칸트에 대해서 어느 정도는 알고 있어야 한다.

앞에서도 언급한 것처럼 칸트의 3대 저서인 순수이성 비판, 판단력비판, 실천이성 비판을 통해서 칸트는 인간사회에 인간이 살아나가야 할 방향을 제시하고 있다. 순수이성비판은 인간이 가지고 있는 순수한 본연의 자세를 바탕으로 하여 판단력 비판은 인간이 자신의 가지고 있는 판단력을 바탕으로 하여 판단하며 실천이상 비판으로 이러한 순수이성과 판단력을 바탕으로 실천에 옮기는 것을 의미한다.

따라서 칸트는 인간은 자신이 행한 행동에 대해서 이 세상에 생존하는 동안에 책임을 져야하며 또한 인간은 자신이 행한 행동에 대한 비판은 죽은 후에도 반드시 심판을 받아야만 한다는 것이다.

따라서 이러한 칸트의 사고는 칸트가 인간의 영혼 불멸 설을 주장하도록 하였으며 인간은 죽은 후에 육신은 없어진다고 하더라도 정신은 영원히 살아서 판단을 받아야만 한다는 것이다.

미꾸라지 한 마리가 맑은 시냇물 전체를 흙탕물로 흐려 놓는다. 며느리를 잘못 들여 놓으면 형제간의 우애를 다 끊어 놓는다. 라는 말이 있다.

20세기 최대의 인간관계 전문가인 데일 카네기는 코드가 맞지 않는 사람은 번개가 치듯이 관계를 단절하지 않으면 그 사람의 인생은 결코 행복해 질 수가 없다는 것이다. 실무 경영 컨설팅 부분의 세계최고 권위자인 피터 드래커는 인사에서 채용과 해고 등에서 결단력을 리더십의 가장 중요한 요소로 여기고 있다.

요즈음 다빈치코드를 비롯하여 코드라는 말이 자주 사용되고 있다. 사회에서도 코드가 맞아야 일을 할 수 있다며 자신과 코드가 맞는 사람을 인사에서 가장 주요한 원칙으로 하여 사람을 선발한다.

인사가 만사라라는 말은 인류의 역사가 시작된 이래로 계속되어 사용되고 있다. 인간이 지배하는 역사 속에서 가장 중요한 일은 인사문제 이다. 사람을 잘 쓰면 그 집단은 서로 화합하여 성공을 이룬다. 반면에 사람을 잘못 채용하여 물의를 일으키는 경우 그 집단은 항상 인간적인 갈등 속에서 헤어나지를 못한다.

가정에서도 며느리를 잘 못 들여오는 경우 그 집안 형제들 간의 의를 전부 깨어 놓는다는 말이 있다. 집안에서 남의 식구인 며느리를 잘 얻으려는 이유가 집안의 화목과 가정의 안정 때문이다.

회사에서도 사람을 뽑는 인사문제가 가장 큰 문제이다. 국가에서도 인사문제가 가장 중요하게 다루고 있다. 인간이 중심이 되어서 사회와 회사와 가정을 운영해 나가고 있다.

해방이후 한국 재계에 가장 큰 영향력을 행사해온 삼성그룹의 이병철 회장은 인사를 가장 중요시한 대표적인 경영자 이었다. 이병철 회장은 아무리 바쁜 일이 있어도 회사의 신입사원을 채용하는 면접시험장에는 반드시 참석하여 사람을 직접 보고서 채용했다. 회사의 말단 신입사원을 뽑는 인사문제에 가장 바쁜 일을 제쳐 두고 직접 면접장에 나타나는 이병철 회장은 인사를 얼마나 중요시 하였나 하는 것을 알 수 가 있다.

이병철회장의 인사방침을 보고서 항간에는 관상쟁이를 대동하고서 나타나서 그 관상쟁의 의견을 상당부분 참조를 한다는 말까지 나왔다.

김영삼 문민정부가 들어서면서 김 대통령은 인사가 만사다. 라는 말을 하여서 정부인사정책의 중요성을 보여주었다.

인간이 살아나가면서 코드가 맞는 사람과 함께 일을 하고 사귀어야 자신이 스스로 행복하고 하는 일에도 성공을 거둔다. 만일에 코드가 맞지 않는 사람과 같이 일을 하는 경우 일이 잘 돌아가지 않을 뿐 아니라 항상 불만족한 상황에서 생활하게 된다. 신발은 맞지 않으면 그 자리에서 벗어 버리고 다른 신발로 바꾸어 신을 수 있지만 사람은 그 자리에서 버릴 수가 없다.

자신의 행복과 성공을 위해서는 가장 중요한 일은 자신과 코드가 맞지 않는 사람에세 해야 할 일은 우선 그 사람과 코드를 맞추어 보려고 노력을 하여야 한나. 그래도 그 사람과 코드가 화합하는 일이 불가능 하다고 판단되는 경우에는 여지없이 그 사람과 단절을 선언하여야만 한다.

사람이 자신에게 인간적으로 진실성을 가지고 않고 허위로 자신을 대한다는 것을 알게 되면 그 사람과 가차 없이 단절하여야 한다. 만일 그 사람과 누이 좋고 매부 좋고 하는 식으로 서로 서로 이용가치만을 생각하고서 그 사람과 지속적으로 관계를 유지해 나가는 경우에는 반드시 그 사람으로부터 큰 피해를 입게 된다.

외롭다는 생각에서 자신에게 진실로 대하지 않는 것을 알면서도 인간관계를 맺어나가는 경우 그 사람은 인생에서 결코 득이 되지 않고 백해무익한 사람이 될 것이다. 결단력을 가지고 매몰차게 그 사람과는 단절을 하고서 새로운 사람을 사귀어서 자신의 인생을 행복하게 만들어 나가야 한다.

20대는 인생을 살아가면 성공한 사람들과 사귀어야 자기 스스로가 행복한 삶을 살아가게 된다. 성공한 사람들과 사귀게 되면 그들로부터 성공적인 삶의 방법을 조금이라도 배울 수가 있다. 성공한 사람들의 삶속에서 자신도 모르게 동화되어서 쉽게 성공의 지름길을 찾게 된다.

실패한 사람들과 사귀게 되면 그 실패한 사람들이 자신과 같이 실패하여 같이 놀도록 물귀신처럼 끌어들인다. 자신도 실패한 사람에게 맞추어서 사고하게 되고 결국 실패한 인생을 살아가게 된다.

인생을 살아가면서 코드가 자신의 삶에 중요한 역할을 하고 있다. 모진 놈 옆에 있다가 벼락 맞는다. 라는 말이 있다. 인생을 살아가면서 코드가 맞는 사람과 함께 코드를 맞추어서 살아가야 성공적인 삶을 산다는 생각이 든다.

23

휴머니즘의 인간관계

실존주의 철학자 사르트르는 실존주의의 본질은 휴머니즘이라고 말하고 있다. 인생을 살아가면서 인간은 휴머니즘을 바탕으로 하여 살아가야 훌륭한 인생을 살아 갈수 있다. 한국 영화 오발탄과 라이언일병 구하기는 휴머니즘을 소재로 한 영화로서 전쟁의 참상과 함께 인간에게 필요한 가족애와 동료애를 바탕으로 하여 인간이 훌륭한 인간관계를 가지기 위해서는 휴머니즘을 바탕으로 하여야 한다는 것을 잘 보여주고 있다.

실존주의 철학자 사르트르는 실존은 본질에 앞선다. 라는 말과 함께 실존주의는 휴머니즘이다. 라는 말을 하고 있다. 철학적인 차원에서 보면 실존이란 인간을 바탕으로 한 인간중심의 인성이 근본이 된다. 인성은 인간관계를 구성하는 가장 중요한 요소이다.

라이언 일병 구하기는 이차대선 당시의 참상과 군에서의 우정을 잘 묘사하고 있다. 사형제중 삼형제가 죽고 마지막 남은 라이인 일병마저 전쟁에서 죽일 수 없다는 국가의 특명으로 한 인간을 구하기 위한 군사적 작전 자체가 너무나 인간적이다. 인간적이기 때문에 대위를 중심으로 8명의 군인은 다 죽지만 라이언일병은 목숨을 구해서 살아남는다. 자신을 구해주고 대신 죽어가는 대위는 죽으면서 한말인 자기들의 목숨까지 열심히 살아달라는 유언에서 인간적인 너무나 인간적인 감동을 느낄 수 있다.

인간사회에서 팀워크 정신이 강하게 결집되면 목숨도 기꺼이 내놓을 수 있다. 라이언 일병은 자신의 목숨을 구해준 군인들을 위해서 인생을 열심히 살다가 마지막으로 그들의 무덤에서 그들의 유언대로 열심히 살았다는 것을 이야기 한다.

인간이 훌륭한 인생을 살아가기 위해서는 휴머니즘을 바탕으로 한 삶을 살아가야만 한다. 서로가 서로를 죽이려고 하는 세상일수록 인간적인 너무나 인간적인 마음을 바탕으로 한 인간관계가 필요하다.

남을 짓밟아야만 자신이 올라설 수 있다는 비 휴머니즘적인 사고방식은 자신도 파멸의 길로 들어서게 만든다. 조직에서나 사회어디에서 휴머니즘을 바탕으로 한 인간관계를 형성해나갈 때 그 사람은 훌륭한 인간으로 평가를 받는다.

휴머니즘은 낭만적이고 비현실적이며 이상적인 말로 되어져 가고 있다. 비인간적이고 비신사적인 방법으로 살아가야만 성공하고 남보다 한발 앞서서 이권을 챙기고 남에게 조금이라도 손해를 보지 않으며 양보를 하지 않겠다는 생각으로 살아가는 사람들을 보면 허무한 마음이 든다.

남과의 관계에서는 자신이 조금 손해를 보는 듯하면서 양보를 해도 장래에는 더 큰 것을 얻을 수 있다. 부동산 투기를 위해서 남보다 먼저 부동산에 대한 정확한 정보를 빼돌려서 그곳에다 땅 투기를 하고 바람잡이를 거느리고 밤새도록 이불을 가지고와서 줄을 서있는 모습을 보면 인간사회의 각박함을 누구나 느낄 것이다.

우리는 고대 헬레니즘시대의 철학자 디오게네스가 한말을 되새겨 볼 수 필요가 있다. 알렉산더는 국민들이 그를 존경하고 있다는 명성을 듣고서 디오게네스를 방문 하여 디오게네스가 원하는 것이 무엇인지를 물어 보았다. 그가 원하는 것은 알렉산더가 자신 앞에서 옆으로 비켜서주기만을 원한다. 알렉산더의 그림자 때문에 햇빛이 가려져서 춥기 때문에 단지 앞에서 비켜주는 것만이 그가 원하는 희망이라고 말한 유명한 일화를 되새겨 볼 필요가 있다.

우리는 디오게네스의 말에서 너무나 인간적인 모습을 느낄 수 있다. 부귀영화를 누릴 수 있는 기회를 헌신짝 버리듯이 한 디오게네스의 인간적인 마음은 주변에서 각박하게 현실을 살아가는 사람들에게 다시 한 번 인생의 진정한 의미를 되새겨 볼 기회가 된다.

인간은 인간중심의 휴머니즘을 바탕으로 하여 인간관계를 형성해 나가야 한다. 이기주의를 바탕으로 한 인간관계는 오래 지속 되지를 못한다. 어지러울 정도로 변화되어지는 환경 속에서 살아가는 현대인들에게 휴머니즘은 낭만이 아닌 현실로 생각하는 마음으로 살아가야 하지 않을까하는 생각이 든다.

우리는 가수 김국환의 노래 타타타에서 네가 나를 모르는데 난 들 너를 알겠느냐. 라는 노래가사의 구절을 읽을 수가 있다.

김국환의 타타타는 서로가 서로를 모르기 때문에 불신이 싹트고 친근감이 없으며 궁극적으로 훌륭한 인간관계를 형성할 수 가 없다는 것이다.

인간은 누구나 서로를 알기 전에는 서로에게 친근감을 주려고하지 않는다.

70년대 미국영화를 대표하는 우디 알렌 감독의 영화 애니 홀에서 주인공 애니는 다이안 키튼에게 인간관계에 대해서 자신이 가지고 있는 생각을 잘 묘사하고 있다. 애니에 의하면 인간관계는 상어와 같다고 할 수 있다. 인간관계는 끊임없이 앞으로 움직이지 않으면 죽고 말아 버린다. 지금 우리의 인간관계는 죽은 상어와 같다. 라고 애니는 표현하고 있다.

이 영화를 통해서 알 수 있는 것은 인간관계는 서로를 알고 서로와의 지속적인 관계를 통해서 이루어지는 것이다. 인간과 인간 사이에는 서로를 알기 전에는 좋은 인간관계를 형성해 나갈 수가 없다. 자신을 알고 믿을 수 있도록 상대방에게 자신을 알리는 일이 중요하다. 자신을 알리는 방법은 공식적인 채널을 통해서 알리는 방법이 있다. 자신의 살아온 경력을 담은 이력서를 보임으로써 상대방에게 접근하여 자신을 알리는 방법이다.

공식적으로 자신을 알려서 훌륭한 인간관계를 만들어 나가는 데에는 상당한 시간이 걸린다. 공식적인 말보다는 상대방에게 자신의 개인적인 사생활에 대한 이야기를 통해서 상대방에게 접근하는 경우 가장 효과적으로 상대방의 마음을 움직여서 빨리 인간관계를 맺을 수 있다.

상대방의 마음을 빨리 움직일 수 있는 인간관계는 상대방에게 솔직하게 말을 해서 인간적으로 신뢰감을 주도록 하는 방법도 중요하다. 솔직하게 말함으로 인해서 상대방에서 신뢰감을 느끼고 인간적으로 대할 수가 있는 것이다.

인간적으로 상대방에게 공감대를 형성해 나가게 되면 빨리 훌륭한 인간관계를 맺을 수 있다. 인간관계를 위해서 상대방의 마음을 움직이기 위해서는 자신의 희소성을 첨가할 필요가 있다. 자신이 어느 정도는 상대방과의 관계를 맺음으로써 상대에게 덕과 보탬이 될 수 있는 사람이라는 것을 보여주어야 상대방의 마음을 움직일 수 있다.

유비 현덕은 자신이 추구해 나가는 중국 삼한통일을 위해서는 제갈공명이 반드시 필요한 사람이라는 것을 알고서 삼고초려인 짚신을 세 번이나 고쳐 신을 정도로 오래 동안 갖은 정성과 성의를 들여서 인간관계를 맺는데 성공을 하였다.

인간이 살아나는데 그 사람이 성공을 하고 못하고는 그 사람이 맺고 있는 사람들을 보면 어느 정도는 짐작 할 수 가 있다.

주변에 훌륭하고 지혜로운 사람들이 많으면 인생에서 성공할 가능성이 크다. 주변에 있는 사람들이 진실성과 신뢰성이 없는 사람들과 인간관계를 맺고 있다면 성공할 가능성은 희박하다. 신뢰성이 부족한 사람들은 자신에게 백해무익이다. 이들은 자신을 이용하고 성공의 길에 방해 할 사람들이다.

이러한 부류의 백만 명보다는 현덕이 찾던 제갈공명과 같은 인품을 가진 한 사람이 더욱 소중하다. 인생을 살아가면서 필요한 사람의 마음을 어떻게 움직여서 훌륭한 인간관계를 맺어나가야 하는지에 대해서 다시 한 번 생각해 볼 필요가 있지 않나 하는 생각이 든다.

24

칭찬, 미소, 부드러운 인상

나는 미국에서 오래 동안 생활하면서 느낀 점은 한국인들은 남을 칭찬하는 면에서는 서양인들보다 훨씬 인색하다는 느낌을 받았다. 사실상 동양인들은 4촌이 논을 사면 좋아서 점심을 살 것이 아니라 배를 아파한다. 라는 말이 있을 만큼 남이 잘되는 것에 대해서 별로 기쁘게 생각하지 않는다. 특히 자신과 가까운 사람이거나 아니면 라이벌 관계에 있는 사람이 잘되는 경우에는 더욱 더 그렇다. 오죽하면 한국인의 속담에 남이 못되는 것이 자기가 잘되는 것보다 더 좋아한다. 라는 말이 있을 정도이다.

인간의 본성은 남이 자기를 아부하기 위해서이던 아니면 진정으로 자신을 위해서이던 자신을 칭찬하는 것에 대해서 기분 나빠 하지 않는다.

특히 남들이 많이 모인 자리에서 자신을 칭찬해 주는 경우에는 인간이면 누구나 다 기분 나빠 할 사람이 없다. 물론 남이 보는 앞에서 누가 자신을 칭찬하면 겉으로는 왜 그래 그렇지 않은데 하면서도 속으로는 내신 기쁨 마음을 감추지 못한다.

인류 역사상 가장 귀감이 되는 공자님 앞에서 공자님을 칭찬한다면 공자님은 겉으로는 동양예의지국의 예의를 차려서 바로 눈앞에서 칭찬을 하면 예의에 벗어난다고 말 할런지 모른다.

칭찬은 고래도 춤추게 한다. 라는 책이 얼마 전에 베스트셀러에 올랐다. 칭찬을 들은 고래는 좋아서 춤을 추는데 사람의 경우는 칭찬을 들으면 어떤 반응을 보일까. 칭찬을 들은 사람은 고래와는 달리 춤을 추지 않고서 경계를 할지 아니면 고래와 마찬가지로 좋아서 춤을 출 것인가에 대해서 생각해 볼 문제이다.

그리스의 속담에 너무 많은 칭찬을 받는 사람은 코 위에 종기가 난다라는 말이 있다. 또한 가장 경계하여야 할 적은 칭찬하는 사람이다. 라는 말이 있다.

동양사회와 서양사회의 차이점은 서양인들은 남이 없는 곳에서 절대로 그 사람에 대해서 이야기를 하지 않는다. 서양인들은 남이 없는 곳에서 남에 대한 이야기를 하는 것을 실례로 생각하고 있다. 그들은 남이 없는 곳에서 그 사람에 대해서 물으면 그 일은 나의 비즈니스가 아니다. 라고 하면서 비록 알고 있더라도 대답을 회피한다.

서양인들은 그 자리에 없는 사람에 대해서 부득이 대답을 해야 하는 경우에는 가능하면 좋도록 이야기를 한다. 없는 사람의 관심이나 흥미로운 이야기를 한다. 서양인들은 자리에 없는 사람에 대해서는 그 사람에 대해서 평을 하지 않는 것을 예의로 생각하고 있다.

우리사회는 어떠한가.

대부분의 사람들은 남이 그 자리에 없을 때 그 사람에 대해서 이야기하기를 좋아한다. 없는 사람에 대해서 이야기를 하는 경우에는 좋도록 이야기를 하는 것이 아니라 나쁘게 이야기를 하고 부정적인 시각으로 이야기해버린다. 그 사람이 자신과 같이 근무를 한다거나 경쟁관계에 있는 경우에는 더욱 더 그 사람의 약점을 이야기 한다.

예부터 인간이 지켜야 할 세 가지 법도가 있다.

우선 발 뿌리부터 잘 놀려야 한다는 것이다. 발을 함부로 놀려서 아무 곳에나 가는 경우 몸을 다치기 때문이다. 다음으로 입부리 다시 말하면 말을 함부로 하는 것을 조심해야 한다는 것이다. 마지막으로 성기를 함부로 놀려서 성행위를 하는 경우 풍기문란으로 문제를 일으키게 된다.

말은 입으로부터 밖으로 나가는 그 순간부터 자신이 한 말에 대해서 책임을 져야 한다. 발 없는 말이 천리를 간다는 말이 있다. 말은 자신이 내뱉는 그 순간부터 돌아서 당사자의 귀에 들어가게

마련이다. 말을 항상 조심하지 않으면 큰 실수를 하게 된다.

남이 없는 장소에서 그 사람에 대해서 아예 말을 하지 않는 것이 신사와 숙녀의 도리이다. 부득이 그 사람에 대해서 이야기를 해야 하는 경우에는 칭찬을 하여야 한다. 칭찬을 하고 덕담을 하게 되면 그 말은 칭찬을 한 당사자의 귀에 반드시 들어간다. 간접적으로 자신을 칭찬하는 사람을 알게 되면 칭찬을 받은 사람 역시 그 사람에 대해서 좋도록 이야기를 하게 된다.

덕담을 하고 칭찬을 하는 사람은 자신이 바로 그 덕을 받게 된다. 칭찬을 하지 않고 비난을 하는 경우 말을 하는 그 순간부터 항상 걱정과 후회를 하여야하고 한말에 대해서 책임을 져야한다.

남을 긍정적이고 좋도록 평가하는 사람에 대해서 모든 사람들은 인간성이 좋은 사람이라고 평을 한다. 남에 대해서 항상 부정적으로 평가하는 사람은 인간성 역시 좋지 않은 사람으로 평가를 받게 된다.

칭찬을 많이 하고 덕담을 하는 사람은 사회생활을 하는데 에서 자신도 모르게 간접적으로 덕을 보게 마련이다.

인간은 남에 대해서 어느 정도 아첨을 할 필요가 있다. 아첨을 하는 경우 듣는 사람은 형식적으로는 듣기 싫어하는 표정을 지을지 모르지만 속으로는 기분 나쁘지 않게 생각한다. 아부의 말을 하는 경우 어느 정도의 기술이 필요하다. 면전에서 그 사람에 대한 아부는 절대적으로 필요한 일이다. 비록 남에게 아부를 못하는 성격을 가지고 있는 사람이라도 아부를 하는 습관을 기를 필요가 있다.

남에 대해서 항상 후한점수를 주는 사람은 결국 자기 스스로가 후한 점수를 받고 남을 적으로 만들지 않고 동지로 끌어 안게 된다. 지나친 칭찬은 문제를 일으키지 않는다. 그러나 남을 과소평가하고 비난하는 것은 인간관계에서 문제를 일으키게 된다.

칭찬은 동물인 고래를 춤추게 하고 인간은 코 등에 종기가 난다는 그리스인들의 속담은 맞지가 않는 듯하다. 남을 칭찬해서 손해는 보지 않는다는 것은 틀림없는 사실이다.

인생을 살아가면서 남을 칭찬해주는 덕담은 그 덕담이 바로 자기 자신이 덕을 받게 된다.

현대를 살아가는 20대 젊은이들이 남과의 관계에서는 될 수 있으면 남에게 칭찬을 해주는 습관을 길렀으면 한다.

언젠가 나는 어느 유명한 신부로부터 질문을 받은 적이 있는데 그 질문은 이 세상에서 가장 아름다운 사람은 누구입니까. 라는 질문이었다.

나는 아무런 생각이 없이 그 신부가 천주교인이기 때문에 그에게 성모 마라아라고 아무 생각 없이 대답을 하였다. 그런데 그 신부의 대답은 자신은 성모 마리아보다는 레오나르도 다빈치의 모나리자가 성모 마리아보다 더욱 더 아름답다고 생각한다는 것이다.

그 후 그 신부의 대답을 여러 차례 되새기면서 왜 모나리자가 성모 마리아보다 더 아름다울까하는 이유에 대해서 수십 차례 생각을 한 후에 그 신부에게 전화를 걸어서 모나리자의 미소가 이 세상에서 가장 아름다운 미소가 아니냐고 물었다. 그랬더니 그 신부는 필자에게 정확하게 정답을 제시하였다고 하였다.

여기서 필자는 인간은 눈. 코. 입 등의 외모는 거의가 다 비스하게 생겼지만 단지 그 사람이 아름답다거나 아름답지 못하다는 것은 그 사람이 얼굴에 풍기는 미소에서 차이점을 발견할 수 있다는 사실을 깨닫게 되었다.

레오나로도 다빈치의 걸 작품인 모나리자에서 모나리자의 미소에서 우리는 무엇을 연상시킬 수 있는가.

모나리자는 뛰어난 미인은 아니지만 그 얼굴에서 우리는 친근감을 느낄 수 있다. 만일 모나리자를 그린 다빈치가 모나리자가 미소를 띠우지 않고서 그냥 딱딱한 얼굴을 하고 있다면 우리는 그 얼굴에서 아무런 친근감을 찾아낼 수가 없을 것이다.

우리는 일제 강점기의 암울한 시대에 누구나 다 민족해방을 원하면서 여유 없는 생활을 시로 표현하였다. 그러나 반대로 여유로우면서 낙천적인 마음으로 우리에게 해방의 희망을 보여준 시가 있다. 민족시인 김상용의 시 남으로 창을 내겠소이다.

남으로 창을 내겠소 의 한 구절을 보면

구름이 꼬인다 갈 리 있소/ 새 노래는 공으로 들으라오/ 왜 사냐건 웃지요

라는 구절에서 우리는 왜 사냐 건 웃지요. 에서 시인의 순수함과 낙천적이고 평안함을 알 수 가 있다. 웃지요 라는 말은 당시의 일제치하의 힘들고 위기감 넘치는 삶에서 벗어나서 해방이 된다는 기쁨과 희망을 나타내고 있다.

인간의 얼굴이 가지고 있는 가장 큰 힘은 바로 미소의 효과이다.

웃음과 행복 전도사로 우리나라가 1997년도 IMF의 외환위기 빠져 있을 때 우리에게 실망에서 벗어나서 행복을 전하는 전도사로서 유명한 웃음박사 황수관 박사는 말이 생각이 난다.

황수관 박사는 이 세상에서 가장 긴 영어 단어가 무엇입니까. 라고 질문을 하고 정답은 바로 smile 즉 미소라고 답한 일이 있다. 영어단어 smile은 mile이라는 말을 포함하고 있기 때문에 십리까지 가는 이 세상에서 가상 긴 단어라고 농담 섞인 대답을 한 일이 있다.

오래전에 미국에 유학을 간 사람이 먼저 와서 공부를 하고 있는 친구에게 미국 사람들은 길에서 나를 보면 왜 자꾸 웃으면시 키스를 하자고 Kiss Me 라고 하는지 모르겠다. 라고 물어 보았다.

서양인들은 일상적으로 처음 보는 사람에게 서로 부딪치거나 하는 약간의 실수를 해도 얼굴에 미소를 띠우면서 Excuse Me 라고 의례 답을 한다. 이 말은 나는 당신에게 아무런 감정이 없다는 것을 미소로서 표현을 하고 있는 것이다.

동양인들은 처음 보는 사람들에게 웃지 않고 얼굴에 엄숙함과 경직성을 나타낸다. 이것은 나는 당신을 잘 알지 못하기 때문에 경계를 하고 있다는 것을 얼굴에 나타내고 있는 것이다.

상대방을 보면 미소로 표현을 하는 의미는 나는 당신에게 아무런 감정이 없다는 것을 미소로서 나타내는 것이다. 웃음은 상대방에 대해서 적대관계가 아닌 우호적인 관계를 형성하고 싶다는 것을 의미한다. 어느 심리학자가 많이 웃는 사람과 잘 웃지 않는 사람의 노화현상을 조사한 결과 자주 웃는 사람은 웃지 않는 사람보다 노화현상도 오지 않고 건강한 생활을 유지해 나간다는 연구 보고서를 낸 일이 있다.

동양인들과 서양인들의 차이점은 웃음의 문화에서 찾을 수 있다. 동양에서는 자주 웃는 사람들은 벨이 나간 사람이고 가벼운 사람으로 간주하고 얕잡아 본다. 얼굴에 무게를 잡고서 목에 힘을 주고 있어야만 상대방이 나를 어렵고 두려워하고 무시하지 않겠지 하고 생각한다. 동양에서는 여자들의 경우 웃음이 헤픈 여자는 바람기가 있는 상스러운 여성으로 오해를 한다.

미국대학에서 학생들이 앞에 나가서 발표를 하는 경우 동양인 학생들은 얼굴의 표정부터 굳어져서 방어적인 자세를 취한다. 서양학생들은 앞에 나가서 발표하기 전에 분위기를 웃음으로 바꾸어 놓는다. 자신의 얼굴부터 경직성을 풀고서 미소를 띠우면서 발표를 시작한다.

의도적으로 억지로라도 웃으려고 노력을 하면 얼굴의 표정이 웃는 얼굴로 변해서 그 사람만 보면 웃음이 나는 사람으로 변하는 얼굴이 된다. 그렇다고 개그만 같이 직업적이고 전문적으로 남을 웃기라는 말은 아니다.

남과의 관계에서 훌륭한 인간관계를 만들기 위해서는 얼굴에 미소를 띤 얼굴이 훨씬 관계를 원활하게 만든다.

옛날 우리조상들은 많이 웃어서 얼굴의 눈가에 주름이 많이 진 사람들을 바람기가 있는 사람이라고 경계를 하였다. 지금은 정 반대의 현상이다. 얼굴눈가에 주름이 많고 웃음기가 감도는 얼굴은 호감이 가는 좋은 인상을 가진 사람으로 여겨진다.

현대를 살아가는 20대 젊은이들 중에서 항상 웃음 띤 얼굴로 사람을 대하는 사람은 인간관계에서 조건적으로 성공할 가능성이 다른 사람들보다도 크다는 연구 결과가 나왔다. 20대 젊은이들은 항상 누구를 보든 처음부터 웃는 얼굴로서 사람들을 대해만 한다.

얼마 전 나는 성공하는 사람들의 관상에 대해서 어느 신문을 통해서 읽은 일이 있다. 그런데 성공하는 사람들이 가지고 있는 공통적인 특징은 그들이 외모에서 풍기는 인상은 남보다 더 부드러운 인생을 가지면 가질수록 더욱 더 성공할 가능성이 크다는 것이다.

사람이 외모에서 풍기는 인상이 부드러우면 부드러울수록 더욱 더 사회적으로 성공할 확률이 크다는 사실은 왜 그러한 현상이 나타날까.

미국의 경우 정치인에게 가장 중요시 여기는 것이 인상이다. 인상이 부드러워야 선거에 이겨서 훌륭한 정치인이 된다는 것이다. 그런데 정치인이 되기 위해서 가장 필요한 것은 세 가지의 부드러움을 갖추고 있어야만 한다는 것이다.

우선 정치인은 대머리가 벗어져서는 안 된다는 것이다. 대머리가 벗겨지는 경우 인상이 부드럽지가 못하기 때문이라는 것이다. 최근에 각 나라에서 젊은이들 사이에서도 많은 사람들이 대머리가 벗겨져서 그것을 카버하기 위해서 가발을 쓰고 다니는 사람이 굉장히 많이 늘어서 가발 쇼핑몰을 만들어서 부자가 된 26세의 젊은 부자 CEO를 신문에서 본 기억이 난다.

미국의 대통령을 비롯한 큰 정치가치고 대머리 진 사람은 거의 본 일이 없다는 것이 바로 이 사실을 입증하고 있는 것이다. 다음으로 미국에서 큰 정치인이 되려면 두 번째로 안경을 써서는 안 된다는 것이다. 안경을 쓴다는 것은 사람이 인상을 딱딱하게 만들고 호소력을 잃어 버리게 한다는 것이다. 요즘 젊은이들 사이에 안경을 쓰지 않고 렌즈를 착용하거나 아니면 라식 수술을 받아서 안경을 착용하지 않는 사람들이 점차적으로 늘어나고 있다.

미국의 링컨 대통령은 대통령으로 당선되기 전에 여론 조사를 해 본 결과 모든 조건이 상대적으로 다른 후보보다는 월등하게 우세하였는데 단지 얼굴이 각이 지고 광대뼈가 튀어 나와서 인상이 부드럽지 못하다는 것이었다. 어느 링컨을 지지하는 어린 초등학교에 다니는 소녀가 링컨의 광대뼈가 튀어나온 딱딱한 얼굴을 없애고 부드러운 얼굴을 만들기 위해서는 링컨은 수염을 길러야만 선거에 승리를 할 수 있다는 충고를 편지를 써서 보냈다.

이러한 소녀의 진심어린 충고로 인해서 링컨은 소녀의 말을 믿고서 수염을 길렀더니 하루아침에 인상이 전보다 훨씬 부드러워져 보였다.

다음으로 훌륭한 정치인으로 성공을 하기 위해서는 이름이 부드러운 이름을 가져야 한다는 것이다. 이름이 만일 부드럽지 못하고 부르기 딱딱한 파열음을 가진 사람은 정치인으로 성공을 하기가 힘이 든다는 것이다.

가령 파열음을 가진 이름인 피츠제럴드라거나 두카키스 같은 딱딱한 이름보다는 부르기 편한 이름이 성공할 확률이 훨씬 더 높다는 것이다.

확실히 미국뿐만 아이날 우리나라에서도 성공한 정치인들의 이름을 보니 역대 대통령들의 이름이 모두 부드러운 이름을 가진 사람들이며, 낙선한 사람들의 이름을 보니 대부분이 딱딱한 이름을 가진 정치인들 이었다.

특히 인기 직업을 가진 사람들은 대부분 부드러운 이름을 가진 사람들이 성공을 하였다.

현대인들이 가장 선호하는 말은 부드럽다. 라는 말이다. 부드럽다. 라는 말은 획일적이지 않고 딱딱하지 않은 것을 의미한다. 쇠붙이로 말하면 강한 강철이 아니라 잘 휘어지는 구리나 연철을 연상하면 된다.

강한 강철과 연한 연철을 비교해 보면 강철은 강한 듯이 보이나 부러져버려 오래 가지를 못한다. 연철은 이리 저리 잘 휘기는 하지만 부러 지지 않아 오래 동안 사용할 수 있다.

우리가 사람들을 대할 때 대부분 강한 인상과 강한 말을 사용하는 사람들은 강해보이시만 부드러운 사람들처럼 친근감이 들지를 않는다. 강한인상을 가진 사람들과는 쉽게 친해지지가 않는다.

현대인들은 부드러운 인상과 부드러운 말과 부드러운 외모를 선호하고 있다. 상대와의 말을 하는 경우에도 가능하면 부드러운 말을 사용하고서 부드럽게 상대에게 접근하여 상대를 설득하려고 한다.

대인관계에서 상대와의 첫인상은 가장 중요하다. 정신 의학자 지그문트 프로이드는 인간은 처음대하는 순간 4초 이내에 그 사람에 대한 인상이 머릿속에 오래 동안 각인 되어서 평생 동안 그 사람의 처음의 모양이 그대로 남아있다. 두 번째 부터는 그 사람의 처음 본 이미지로부터 별로 벗어나지를 않는다는 것이다.

사람과 첫 만남을 가 질 때에는 부드러운 인상을 보이는 것이 인간관계를 유지해 나가는데 유리하며 그 관계가 오래 지속된다. 조직에서 고객을 상대로 하는 사람들은 부드러운 인상으로 고객들을 대해야 고객을 자신의 편으로 끌어 들일 수 있다.

현대를 살아가는 사람들 중에는 모든 면에서 완벽을 추구하는 사람들이 늘어나고 있다. 입는 옷에서부터 방안을 먼지 하나 없도록 완벽하게 청소하고 사무실에 있는 집기와 사무용품 등의 물건들은 제자리에 정확하게 꼽아 놓는다. 집안을 깨끗이 하고 주변을 정리정돈 하는 일은 육체적 건강과 정신적 건강에 좋은 일이다.

인간관계에서 대부분 이들은 옳고 그름을 분명히 하는 완벽주의자들이다. 이들은 모든 일을 완벽하게 추진하며 옳은 일만 추구해 나가는 사람들이다. 항상 모든 일을 완벽하게 추구하고자 하다 보니 주변의 사람들과 마찰을 일으키거나 따돌림을 당하는 수가 많다.

인간은 불완전한 존재이다. 완전한 사람들은 이 세상에 존재하지 않고 하늘나라에 가서 산다. 모난 돌이 정 맞는다는 말이 있다. 너무 완벽을 추구하는 사람들은 인간관계에서 물위에 기름 뜨듯이 다른 사람들과 섞이지를 못한다.

너무 맑은 물속에는 고기가 살수가 없으며 옳은 일만 하는 사람은 독배를 마신다. 인간은 자신이 완벽하지 못하기 때문에 어느 정도의 서로 서로의 허점을 보완해 가면서 살아간다. 완벽하고 옳은 일만하는 사람에게 독배를 마시게 해서 자신들이 사는 세상에 동참 시키지 않는다.

역사적으로도 신격화 되고 있는 인류의 성인 소크라테스를 그리스 사람들이 독배를 마시게 한 것은 바로 너무 옳은 일만 하도록 하기 때문에 당시 사회의 사람들의 눈 밖에 나서 결국은 독배를 마시고 죽었다.

현대를 살아가는 20대 젊은 사람들에게 필요한 것은 강하고 획일화 된 사고보다는 부드럽고 유연한 사고를 가지고 완벽보다는 여유로운 삶을 추구해 나가야만 한다.

25

기한과 프레젠테이션

나는 무슨 일을 할 때 기간이 임박하여야 더 열을 내어서 일을 하여서 결과를 마무리 짓는 습관이 있다. 내가 한 연구기관에 근무를 할 때 그 연구 기관의 연구원들이 필자는 항상 시간이 임박해서 하는 습관을 가지고 있다는 말을 하고 하였다.

나를 비롯하여 대부분의 사람들은 기간이 다 되어서 피치를 올려서 마무리하는 습관이 있다.

세계적인 경영컨설턴트 브라이언 트레이시는 "기한을 정하지 않은 목표는 총 알 없는 총이다." 라고 말하고 있단다.

취업의 목표를 성공적으로 이루기 위해서는 브라이언 트레이시의 말을 다시 한 번 새겨 보아야 한다.

취업을 하겠다고 마음을 먹었으면 가장 중요한 일은 기한을 정하여야 한다. 기한을 정하지 않고서 무턱 대놓고서 취업 준비를 하는 경우에는 문제가 생기게 된다.

기한은 목표만큼이나 중요하다. 자신이 원하는 기업이나 조직에 입사하겠다는 목표를 우선적으로 세워야 한다. 목표는 항상 이야기 하지만 현실에 맞도록 세워야 한다. 현실과 너무 동떨어진 이상에만 치중하는 목표는 실현가능성이 없기 때문에 중도에서 포기를 하거나 아니면 중도에서 다른 목표로 수정 변경을 하여야만 한다. 이렇게 목표를 잘못 세워서 새로 시작하는 경우에는 많은 시간적인 손해를 본다.

더욱 큰 문제는 한번 목표에 대한 실패는 정신적인 소모 감을 주기 때문에 다음 계획에서는 추진력이 떨어지는 경우가 허다하다.

그렇기 때문에 자신에게 맞는 현실적이고 구체적인 취업 목표를 세워야 한다.

목표와 함께 중요한 일은 바로 기간을 정하는 일이다. 회사에서도 프로젝트를 추진할 때 가장 중요한 일은 바로 프로젝트를 수행하는 기간을 정하는 일이다. 기간을 정하지 않고서 추진하는 프로젝트는 완성하기가 거의 불가능 하다.

인간은 누구나 시간을 정해서 그 정해진 시간 내에서 그 일을 추진해야 하는 심리적인 압박감을 받고서 목표를 추진하는 경우와 그냥 기간이 정해지지 않은 상태에서 목표를 추진하는 경우는 엄청난 차이를 초래하게 된다.

기간을 정해서 목표를 추진해 나가는 경우에는 반드시 그 기간 내에 그 목표를 완성하거나 아니면 거의 그 목표의 완성에 도달하게 된다. 인간은 모든 일에 쫓기면서 업무를 수행하는 경우 오히려 더욱 더 새로운 아이디어가 계속해서 나오게 마련이다. 시간의 부족으로 인해서 일을 망치거나 엉성하게 완성하는 것이 아니다.

시간의 부족은 더욱더 자신에게 집중력과 함께 최선을 다하도록 심리적인 압박을 받기 때문에 평소에는 생각하지 못하는 무한대의 완벽에 가까운 아이디어가 떠오르면서 추진력에 가속도가 붙게 된다.

인류의 역사를 통해서 큰 업적을 남긴 사람들이 시간이 많다고 해서 그 업적이 이루어진 것이 아니다. 거의 대부분은 시간에 쫓기면서 평소에는 자기 스스로도 생각하지 못한 새로운 아이디어가 떠오르게 된 것이다.

요즈음 글로벌 시대에 누구에게나 필요한 것은 자신이 가지고 있는 실력을 남 앞에서 논리적 잘 정리하여 표현하는 기술이 필요하다.

프레젠테이션이란 주제를 가지고 자신이 발표를 하는 것을 영어로 프레젠테이션이라고 한다.

프레젠테이션은 회사의 CEO를 비롯하여 중간간부는 물론 초급관리자에게 까지 확대 되어졌다. 프레젠테이션은 자신의 팀이나 자신이 맡은 업무에 대한 계획과 보고를 말한다. 따라서 프레젠테이션을 잘하는 사람이 회사에서나 조직에서 두각을 드러내는 현상이 나타나고 있다.

미국회사를 비롯하여 외국 회사에 입사하기 위해서는 프레젠테이션을 잘 하여야 한다.

미국인을 비롯한 서양인들과 동양인들의 차이점은 서양인들이 자신의 업무에 대해서 프레젠테이션을 훨씬 조리 있게 잘 하는 경향이 있다.

프레젠테이션을 잘해서 쓰러져가는 회사를 다시 살린 인물은 GE사의 잭 웰치를 들 수가 있다. 웰치는 항상 애널리스트들에게 자신의 회사가 우량회사라는 것을 강조하면서 프레젠테이션을 하였는데 그가 프레젠테이션을 한 후에는 반드시 GE사의 회사 주가가 천정부지로 치솟아 올랐다.

잭 웰치는 회사원들의 승진을 인사문제에 프레젠테이션 비중을 가장 많이 반영하였다. 웰치는 사원들의 프레젠테이션 능력을 보면 그 사람의 업무능력을 알 수 있다는 결론부터 가지고 있는 사람이다. 또한 잭 웰치 스스로 프레젠테이션 연습을 하였다.

현재 프레젠테이션을 신입사원들의 입사시험 과목으로 하는 회사들이 늘어가고 있는 추세에 있다. 앞으로 글로벌 시대에 맞추어서 많은 회사들이 프레젠테이션의 비중을 높여 나갈 추세에 있다.

프레젠테이션 준비를 해두면 바로 면접시험과 직결되어서 면접관의 면접을 아주 조리 있게 논리적으로 잘 할 수 있다. 프레젠테이션은 면접에 나올 수 있는 모든 범위의 주제들을 다루어서 포괄적으로 주제 발표를 하기 때문에 취업준비를 하면서 평소에 연습을 수시로 해두면 큰 도움이 된다.

자신이 가지고 있는 능력을 발표하는 습관은 20대 때부터 길러나가는 습관이 필요하다. 비록 자신이 많이 알고 있기는 한데도 표현하는 능력이 부족한 경우에는 성공할 확률이 적어지게 된다.

미국에서는 대통령 선거전에서 토론 점수가 굉장히 많은 당락을 좌우하게 된다. 토론 선에는 어떤 사람인지 잘 모르다가도 토론에서 그 사람의 인품과 정책능력 등을 결정하기 때문에 당락에 자신의 발표력이 굉장히 중요한 영향을 행사하게 된다.

미국 역대 대통령 중에서 존 F.케네디 대통령만큼 프레젠테이션을 잘하여 덕을 본 사람은 드물었다. 케네디 대통령은 부통령이자 이미 정계에서 이름을 날리면 후에 대통령이 된 리처드 닉슨과의 대결에서 토론점수에서 크게 차이를 벌려서 겨우 당선되었다.

만일 토론이 없었더라면 분명히 닉슨이 당선이 되었을 것이다. 이처럼 현대 글로벌 시대에 20대 젊은이들에게 필요한 것은 자신을 표현하는 능력을 갖추어 나가야만 성공을 한다.

옛날부터 우리나라는 신언서판이라는 말을 사용하고 있다. 신언서판이란 신에서 신체 즉 몸가짐을 잘 갖추고 있어야 한다. 옷의 모양도 격식에 맞추어서 잘 차려 입고 다녀야 만 한다. 옛말에 옷 잘 입은 거지는 밥을 얻어먹을 수 있어도 옷 못 입은 거지는 쫓겨난다는 말은 항상 반듯하게 몸차림을 하고 다녀야 한다는 것을 의미한다.

다음으로 언 이란 바로 스피치 즉 프레젠테이션을 잘 해야 한다는 것을 말한다. 웅변은 은이요 침묵은 금이다. 라는 말은 현대의 젊은이들에게는 맞지가 않은 말이다.

서는 글씨를 잘 써야 한다는 말인데 요즈음 모든 것이 컴퓨터에서 뽑아내기 때문에 글씨는 잘 쓸 필요가 없지만 어느 회사의 주관식 시험이나 고등고시처럼 중요한 시험에서는 아직까지 글씨를 많이 보는 경향이 있다.

판이란 집안의 가문 등을 보지만 그 사람의 행실이나 태도를 보아서 그 사람이 전통적으로 옳은 집안의 자손인지 아니면 뼈대가 없는 막되어 먹은 집안 소위 말하는 콩가루 집안의 자손인지를 알아 볼 수가 있기 때문에 젊은이들은 자신이 하는 행동에 대해서도 항상 책임을 져야만 한다.

26

인간의 타고난 본질과 사고의 패러다임

최근에 나는 신문에서 노벨상을 가장 많이 받은 가계라는 제목의 기사를 읽고서 인간은 타고난 혈통은 중요하지 않다는 결론은 내렸다.

노벨상을 가장 많이 받은 혈통의 가계는 우리에게 잘 알려진 라듐을 발견한 퀴리 집안이었다. 마담 퀴리를 비롯하여 퀴리 부부와 아들과 며느리 등 그 집안사람들은 거의 대부분이 노벨상을 휩쓸어 버렸다. 그러나 대부분의 노벨 수상자들은 집안의 후손들이 노벨상을 받은 경우는 본인 이외는 거의 드물었다.

이것은 노벨상과 유전적인 혈통과는 다르다는 것을 알 수가 있다. 그러나 단지 인간이 주변 환경은 자신의 성공과는 어느 정도 밀접한 관련을 가지고 있다는 사실은 어느 생물학자가 조사한 바에 의하면 교도소에 자주 드나들면서 사람을 살해한 흉악범을 비롯한 사회적으로 문제를 일으키는 사람들의 대부분이 주변의 나쁜 환경 때문이라는 사실을 연구 결과를 통해서 밝힌바 있었다.

실존주의 철학자 사르트르는 실존은 본질에 앞선다. 라는 말을 하고 있다. 인간의 본질에 대한 연구는 동서고금을 통해서 철학자들의 지속적인 연구대상이다. 특히 현대 실존주의 사상가인 하이데거나 사르트르는 현상학의 아버지 에드먼드 후설에게서 크게 영향을 받았다. 현상학이란 한마디로 요약하면 인간의 순수한 본질을 파악하고 인간이 보이지 않는 이면과 속 면을 그대로 묘사해 내는 학문이다.

인간은 누구나 다 태어나는 순간부터 주변 환경의 영향을 받으면서 살아간다.

영국의 극작가 셰익스피어는 인간은 태어나는 순간부터 무대의 막이 열리면서 자신이 주역배우이고 다른 사람들은 지켜보는 방청객이라고 표현하고 있다. 무대의 막이 열리면서 주역배우로서 연극을 하다가 무대의 막이 내리면서 삶은 마감한다. 결국 무대는 자신이 주인공이 되어서 활발하게 연극을 하다가 결국 막을 내리고 사라져버린다.

사르트르의 실존은 본질에 앞선다. 라는 말을 다시 금 생각해 보자. 그에 의하면 인간은 태어날 때는 누구나 동그라미 모양이든 육각형의 모양이든 각 각 다른 빈 그릇으로 태어난다. 그 빈 그릇이 바로 본질인 것이다. 인간은 태어나면서부터 스스로가 자신의 빈 그릇을 채워나가야만 한다. 그 빈 그릇을 어떻게 채우는가에 따라서 인간의 실존은 형성되어진다.

인간은 태어나서부터 죽는 날까지 변화를 계속하게 된다. 그 변화의 폭은 인간의 행동폭에 따라서 달라진다. 이것은 인간의 실제 행동이 타고난 재질보다 중요하다는 의미이며 후천적인 노력이 선천적인 재능보다 중요하다는 것을 의미한다.

사르트르와 동시대의 실존주의자 하이데거는 존재와 시간에서 시간의 상대성을 논하고 있다.

인간에게 시간은 사용하기에 따라서 달라진다. 2시간의 노력으로 8시간의 효력을 볼 수가 있는가 하면 8시간의 노력으로 2시간의 효과 밖에 볼 수가 없는 경우가 있다. 또한 세계 제일부자 빌 게이츠보다 더 많은 노력을 한다고 해서 게이츠보다 더 부자가 된다는 법은 없다.

우리 인간은 누구나 다 시한부 인생을 살고 있다. 또한 인생은 한번 밖에 존재하지 않는다. 인생에서 연습이라는 사실은 존재하지 않는다.

시간의 상대성은 자신의 행동에 따라서 하루가 백일이 되기도 하고 10년이 100년 될 수도 있다는 것을 의미한다.

현대를 살아가는 모든 사람들은 주변 환경의 변화에 도전을 받고 있으며 자신도 크든 작든 변화를 추구해 나가고 있다.

현대인들에게 요구되는 성공적 변화는 창조적인 변화와 도전정신을 요구하고 있다.

과거에는 주변 환경의 변화의 속도가 빠르지 못했다. 현대는 변화의 속도가 빛의 속도로 변화되어지고 있다. 이러한 변화에 적응해 나가지 못하게 되면 우물 안 개구리가 아닌 끓는 물속의 개구리가 되어서 자신이 의식하지 못하는 사이에 삶겨져 버린다. 과기의 우물 안 개구리는 죽지 않고 살아갈 수는 있다. 현대의 끓는 물속의 개구리는 생존 자체의 위협을 받게 된다.

20대가 가져야할 마인드는 주변 환경의 속도에 맞추어서 변화를 추구해 나가는 정신적인 자세가 필요하며 자신의 일이 잘 되지 못하는 경우에는 자신의 재능이 부족해서가 아니라 바로 자신의 목표와 의지가 부족해서 일이 힘들어 진다는 것을 명심하여야한다.

20세기의 지성이자 사회운동가인 버트란트 러셀 경은 진정한 인생은 새로운 패러다임의 연속이다. 라는 말로서 인생을 표현하고 있다.

현대의 젊은이들이 가져야 할 사고는 무엇인가.

바로 하루하루 자신에 대한 끊임없는 변화를 추구하여 매일 다른 하루를 창조해 나가는 일이다. 인생에서 성공하기 위해서 젊은 세대가 가져야 할 마인드는 지속적으로 사고의 패러다임을 변화시켜 나가야만 한다.

성공하기 위해서 가장 중요한 일은 사고의 패러다임을 자신의 주변 환경에 맞추어서 지속적으로 변화를 추구해 나가야만 한다. 주변의 트렌드에 맞추기 위해서는 지속적으로 자신이 내적으로 추구해 나가면서 변화되는 사고와 주변의 환경에 대해서 지속적으로 연구하고 분석하여야 한다. 기존의 고정 관념에 대해서 깨뜨리는 습관을 길러야 한다.

성인이 되었음에도 불구하고 고등학교시절의 사고에서 벗어나지 못하고 그대로 고등학생의 사고를 가지게 되면 그 사람은 퇴보를 하게 된다. 조직에서도 고급관리자가 되었음에도 불구하고 초급관리자 시절의 사고를 그대로 유지하는 사람은 조직에서 성공을 하지 못할 뿐만 아니라 조직의 파이프라인은 막혀져 버린다.

자신이 타고나면서부터 가지고 있는 본질을 후천적인 주변 환경에 맞추어서 지속적으로 변화시켜서 새로운 패러다임의 인간으로 변화를 시켜 나가야만 한다. 실존은 본질에 앞선다는 말은 바로 인간은 자신이 태어날 때 가지고 있던 본질에 지속적으로 손질을 가해서 변화 시켜 나가야만 한다는 것이다. 자신이 태어 날 때는 동그라미 모양의 인간형으로 타고 났지만 주변의 변화에 맞추어서 새로운 물질을 계속해서 부어넣어서 6각형이나 8각형의 인간형으로 지속적으로 변화를 추구해 나가야만 한다.

패러다임이라는 말은 여러 가지 의미를 함축하고 있다. 인간이 가지고 있는 내적인 사고부터 시작해서 행동까지 넓은 의미로 이해 할 수 있다. 그러나 한마디로 간략하게 요약하면 패러다임이란 말은 유형이라는 말이다. 그 유형에는 습관이라는 말이 내포 되어져 있다. 패러다임은 사고의 습관을 포함하고 있다.

자신이 중학교와 고등학교 시절인 10대 때는 어떤 패러다임의 인간이었는지를 생각해 보아야만 한다. 또한 10살 이전에는 어떤 패러다임의 인간이었는지를 분석해 보아야 한다.

1980년생의 경우 1980년에서 1989년까지 10년 동안 자신의 변화를 정확하게 분석해 볼 필요가 있다. 대부분 유아기를 거쳐서 유치원과 초등학교 3학년까지의 기간 동안 자신의 내적인 요소와 외부환경은 어떠한 형태로 변화를 하였으며 그 외부의 변화에 자신은 어떻게 대처를 하였는가를 과학적으로 분석해 볼 필요가 있다.

10대 시절에 자신이 잘 못 나간 경우에는 왜 내가 10대 때에는 잘 못 나갔는가를 연구를 통해서 분석해 놓아야만 한나. 10대 때 내가 잘못 나간 원인은 여러 가지 측면에서 분석해 볼 필요가 있다. 이것을 분석하기 위해서 10살 이전과 10살 이후를 비교분석하는 방법이 필요하다.

분명히 초등학교 3학년 때까지는 모든 일이 잘 풀려나갔지만 10대에 들어서면서 일이 풀려나가지 못한 원인은 바로 주변 환경에 잘 적응하지 못했기 때문인지 아닌지를 연구하여야 한다. 그러기 위하서는 주변 환경의 변화요소들이 무엇인지를 조사하여야 한다.

특히 친구나 가족들을 비롯하여 자신에게 가장 영향을 줄 수 있는 피어그룹을 생각해 보아야 한다.

자신의 피어그룹은 대개 유치원 친구나 초등학교 친구들과 그 밖의 방과 후에 공부하는 학원 친구 등 여러 가지 요인들을 분석해 볼 필요가 있다. 피어그룹으로부터 자신은 인간관계를 어떻게 하였는지를 분석하고 다음에 10대인 중고등학교 시절을 분석해 볼 필요가 있다.

다음으로 10대인 중고등학교시기 또한 10대를 전반기와 후반기로 나누어서 분석해 보아야 한다. 10대전반기인 중학교 시절에 자신에게 가장 크게 영향을 끼친 요소가 무엇인지를 분석해 보아야 한다. 특히 10대 초반기는 인간이 변성기를 비롯하여 신체적으로 발달하고 동시에 성격상으로도 변화가 오는 사춘기를 겪게 된다. 대부분 사춘기에는 인생에서 부모를 비롯하여 누구에게나 반항하는 반항기를 겪게 된다. 사춘기를 스스로 어떻게 보냈는지를 연구하고 자신의 피어그룹의 친구들은 어떻게 그들이 사춘기를 보냈는지를 생각해 보아야 한다.

그 다음에 10대 후반기인 고등학교 시절에 자신은 어떻게 보냈는지를 연구 분석해 보아야 한다. 특히 10대후반기는 신체적으로 거의 다 성장을 한 시기이며 성공에 대한 호연지기를 키울 시기이다. 인생에서 어느 정도 중요한 대학입시가 자신의 주변 환경에 상당한 영향을 미치는 시기이다.

자신의 현재의 위치와 입장을 10대에 자신이 한 행동과 비교할 필요가 있다. 10대에 자신이 원하는 대학에 들어가지 못하고 실패를 하였다면 분명히 그 원인을 현재 시점에서 과거를 분석해 보아야만 한다. 10대에 실패한 원인을 분석하여 정확하게 알고서 앞으로 성공을 위해서 새로운 패러다임을 만들어 나가야만 한다.

10대에 자신이 목표를 세우고 준비를 하였던 대학이 S대학 이었는데 실지로 자신은 S대학에 들어가지 못하고 K대학에 들어갔다고 생각해 보자.

그러면 S대를 목표로 열심히 노력을 하였음에도 불구하고 K 대학밖에 못 들어 간 원인을 알게 되면 20대에 자신이 목표로 세운 목적지에 도달하기 위해서는 새로운 패러다임으로 접근을 하여야만 10대의 실패에서 벗어나서 20대와 그 이후의 인생에는 성공을 거두게 되는 것이다.

우선 10대를 구분하여 10대 전반기인 중학교 시절과 10대 후반기인 고등학교 시절을 분석해 볼 필요가 있다. 중학교 시절은 고등학교 시절보다는 입시경쟁이 치열하지 않았기 때문에 공부만 조금만하면 누구나 우등을 할 수 있다. 따라서 중학교 시절에는 조금의 노력으로 잘 나가는 시절을 보내게 된다.

고등학교 시절에는 자신의 패러다임을 변화시켜 나가지 않으면 안 된다. 대학입시라는 목표를 향해서 자신뿐만 아니라 누구나 다 그쪽으로 패러다임을 맞추어서 매진해 나가고 있기 때문이다. 중학교 시절에 자신이 맞추어 나가던 패러다임을 주변 환경에 맞는 즉 입시라는 목표에다 변화시켜 나가야만 한다.

자신의 목표가 S대학이라면 다른 피어그룹의 친구들보다 더욱 더 자신의 패러다임을 변화시켜서 매진해 나가야만 한다. 자기 스스로 S대학에 합격할 만큼의 노력을 하지 않는 패러다임을 추구해 나갔기 때문에 결국 자신은 S 대학은 못가고 K대학에 수준에만 머물러 버린 것이다. 10대까지 자신이 목표를 세워서 성공을 하지 못한 것을 분석하여 다시는 실패가 되풀이 되지 않도록 대비를 하여야만 한다. 그렇지 못하면 결국 20대와 그 이후에도 똑같은 오류를 범하게 된다.

20대를 비롯한 젊은이들은 항상 과거에 잘 나가던 시절을 그리워하고 자랑 할 것이 아니라 현재와 장래를 위해서 과거의 자신을 연구 분석하여 현재와는 비교하고 미래의 설계를 꾸며서 추진해 나가야만 한다.

미국 소설 "위대한 개츠비"에서와 같이 자신의 과거는 잊어버리고 현재와 미래만을 생각하는 젊은이가 되어야 한다. 과거를 회상하는 인생은 이미 다 끝이 난 정년퇴임을 한 사람들이 모여서 자신의 과거나 생각하는 퇴물들이다.

장래의 희망을 가진 젊은이들은 과거에는 절대로 구속되거나 과거 자신이 미미한 존재였다는 것에 대해서는 절대로 기가 죽어서는 안 된다. 가장 중요한 것은 과거의 자신의 패러다임을 지속적으로 연구 분석하여 새로운 패러다임을 만들어 나가는데 참고하여야만 한다.

역사학자인 애드가 카는 "역사란 무엇인가"에서 역사는 과거의 역사와 현재를 보면 미래의 역사를 알 수 있다고 한다. 인류의 역사도 과거의 패러다임과 현재의 패러다임을 연구 분석하면 미래의 인류의 패러다임을 알 수 있다는 것이다.

역사학의 석학 아놀드 토인비는 "역사는 그 자체를 되풀이 한다." 라고 말하고 있다. 이처럼 인간의 개개인의 미래는 현재와 과거의 패러다임을 분석하면 미래를 예상할 수 가 있다.

다시 요약하면 젊은이들에게 성공을 위해서 가장 중요한 요소는 주변 환경과 자신의 환경을 맞추어서 지속적인 변화를 추구해 나가면서 새로운 패러다임을 만들어 나가는 일이 가장 중요하다. 특히 과거의 성공과 실패를 정확하게 분석하여 대응하여 새로운 패러다임을 지속적으로 개발해 나가는 일 역시 필요하다.

저자 약력

조 해 경

저 서

성공하는 20대의 7가지 패러다임,
위대한 철학자들이 전하는 성공밀서,
현대인의 성공적인 삶을 위하여,
침략사상이 된 미국의 프런티어,
미작 하는 공자 옆에 스타 하는 플라톤 등
많은 저서와 역서 및 논문들이 있다.

이 책은 필자가 오랫동안의 미국생활, 대학에서 강의와 연구경험, 기업과 조직에서 강의를 토대로 이론적인 시각을 견지하면서 실무적인 차원에서 문제를 제시하고 있다.

저자는 구름도 쉬어간다는 첩첩산중 소백산 자락의 한티 재 아래에서 태어나 유년 시절을 보냈다. 중학교부터는 서울에 올라와 가톨릭 계통의 학교인 서울동성중학교를 졸업하고 동교인 서울동성고 1학년 재학 중에 검정고시에 합격하여 고등학교는 1년만 수료 하였다. 대학은 성균관대 행정학과를 졸업하고 동아일보사에 잠깐 근무한 후 현대그룹의 수출창구일원화를 위해서 설립한 현대종합상사의 창립멤버로 입사한 후 얼마 있다가 미국 유학길에 올랐다. 미국에서 가톨릭계통의 학교인 텍사스 주의 세인트 메리대에서 정치학 석사를 마치고 미국 테네시대(녹스빌)에서 정치학 박사학위를 받았다. 미국에 있으면서 워싱턴 주립대 등에서 강의를 하였다.

11년간의 미국생활을 청산하고 귀국한 후 당시 국책연구소인 현대사회연구소에서 책임연구원 겸 정치연구실장으로 연구를 하였다. 그 후 한국정책개발연구소 소장, 외무고등고시위원, 법제처 한국법제연구원 초청연구위원, 성균관대 대학원 초빙교수 등으로 연구와 강의를 하였다. 현재는 안양대 도시행정학과에서 연구와 강의를 하고 있다.

영국 IBC에서 2000년 국제인상을 수상하였으며 1999년 세계인명사전(IBC 99Asian-Pacific Nations)에 등재되었다.

도서출판
그 린

일어나라 넌 이미 강하다

초판 인쇄일 ▶	2012년 8월 27일
초판 발행일 ▶	2012년 9월 4일
지자 ▶	조 해 경 저
발행처 ▶	도서출판 그린
발행인 ▶	윤 덕 우
출판등록 ▶	제8-161호(1995. 5. 3.)
주소 ▶	서울시 서대문구 연희동 219-20 (우)120-828
전화 ▶	02)333-2574, 2575
Fax ▶	02)333-2561
E-mail ▶	greenpress@greenpress.co.kr
Homepage ▶	http://www.greenpress.co.kr

인지

정가 : **12,000원**

ISBN : 978-89-5727-183-4 (03300)